U0940047

创新与人才

INNOVATION AND TALENT

诸葛梦言◎著

图书在版编目（CIP）数据

创新与人才/诸葛梦言著.—北京：知识产权出版社，2015.4

ISBN 978-7-5130-3423-4

Ⅰ.①创… Ⅱ.①诸… Ⅲ.①创造型人才-人才培养-研究-中国 Ⅳ.①C964.2

中国版本图书馆CIP数据核字(2015)第070327号

内容提要

本书提出了“创新推动社会进步”的观点，对创新活动进行了大致分类，分析了发明创造的过程，阐述了创新对于人类文明的影响，探讨了创新活动的趋势。书中还对创新人才的性格特点、思维方式、行为习惯进行了研究，提出了教育应该培养创新思维、重视创新人才的理念，对学校教育者和广大家长应有较大启发。

责任编辑： 卢媛媛

创新与人才

CHUANGXIN YU RENCAI

诸葛梦言　著

出版发行： 知识产权出版社有限责任公司　　**网　　址：** http：// www. ipph. cn

http：//www. laichushu. com

电　　话： 010-82004826

社　　址： 北京市海淀区马甸南村1号　　**邮　　编：** 100088

责编电话： 010-82000860转8597　　**责编邮箱：** 31964590@qq. com

发行电话： 010-82000860转8101/8029　　**发行传真：** 010-82000893/82003279

印　　刷： 北京中献拓方科技发展有限公司　　**经　　销：** 各大网上书店、新华书店及相关专业书店

开　　本： 787mm×1092mm　1/32　　**印　　张：** 5.25

版　　次： 2015年5月第1版　　**印　　次：** 2015年5月第1次印刷

字　　数： 104千字　　**定　　价：** 32.00元

ISBN 978-7-5130-3423-4

引言

创新包含自然科学创新和社会科学创新，本书里主要讲的是自然科学创新。物质是第一性的，人类进步主要靠自然科学创新。远古时代人类发明使用了石器工具，并学会了利用火，由此逐步进入文明社会。

在社会科学创新中，各种改革会对社会发展的历史进程起到了巨大作用；经济、文化、教育、商业等领域的创新，也给人们的生活带来很大影响。但是，科学技术创新是推动人类发展的真正动力，科学技术是第一生产力。

每一次科学技术的革命性创新，都能催生社会的变革，社会的变革又会反过来影响科学技术的创新——有时推动科学技术的创新，有时阻碍科学技术的创新。

目录

第二章　创新丰富了人类的精神生活

第三章　创新思维教育

第四章　创新的趋势

第五章　在日常生活中培养青少年的创新思维

结束语

第一章

创新推动了科技进步

一、创新推动社会发展

1. 工具、火的发明和发现

考古研究发现，最早的人类创新活动是从旧石器时代开始的，从距今260万年延续到1万年以前。当时人类制作了非常简单的工具——石器。

使用石器是人类最早的创新，说明那时候的人类已经会思考了。

大约150万年前，人类学会了利用火和制造更复杂的石制工具，这次创新，使人类进入旧石器时代的中期。在旧石器时代中期还出现了骨器。在旧石器时代的晚期，人类开始学会制作组合工具，学会了耕作，渐渐形成了母系氏族社会。

新石器时代的人类创新活动包括：陶器、纺织、农业和畜牧业，这时的人类开始了定居生活。直到铜器出现，人类步入文明时代。

考古发现，西亚、北非和欧洲，是农业最早起源的地区，也是后来最早出现金属器的地区，因此最早进入文明时代。

大约在公元前7000年到公元前6000年，西亚进入发达的新石器时期，出现了最早的陶器，已有灌溉农业、房屋；大约在公元前6000年到公元前5000年，出现了铜器，进入铜石并用时代。

在烧制陶器的实践中，人类发现了高温（1000多度）冶炼铜的技术。青铜时代与奴隶制社会形态相适应，是奴隶制国家的繁荣时期。人类用来记录语言的文字也随之产生。

大约在公元前1400年，铁器出现。铁器的出现标志着人类历史划时代的进步。铁制成的工具大量出现，种类繁多，提高了生产力，封建社会也逐步形成，也为制造机器创造了基础。

从考古研究中可以看出，哪一地区创新活动频繁，生产力就提高得快，哪一地区人类文明历程进步得也就快。

2. 天文、数学的发展

自然科学、数学的逐步形成锻炼了人类的逻辑推理思维，为现代科技创新提供了基础，推动了近代科学的发展。

公元前18世纪，在古巴比伦时代，数学和天文学已经出现。计数法采用十进制和六十进制，已有乘法口诀表。六十进制用于计算周天的度数和计时，一年分为12个月，一昼夜分12时，一年分为365天，人类已经学会了设闰月。

最早的几何学兴起于公元前7世纪的古埃及，后来传到古西腊。随着经济的发展，土地开发利用增多，古希腊的伟大数学家欧几里得察觉到对几何学知识加以条理化和系统化整理的必要性。他为了掌握更多的知识，从雅典到埃及，收集数学专著和手稿，请教学者，终于在公元前300年完成了《几何原本》一书。这部传世之作第一次实现了几何学的系统化、条理化，后来，由他的学生阿基米德发扬光大。

地心说起源很早，在公元前3世纪，经古西腊哲学家亚里士多德加以完善；公元2世纪，由古希腊天文学家、哲学家托勒密发展成“地心说”。托勒密最重要的成就是运用数学计算行星的运行，能定量计算、推测行星所在位置，第一个确立了精确性理论。

但是，教会也利用“地心说”这一错误学说来巩固其统治。

之后的一千几百年，科学技术发展缓慢，长期处于教会封建统治，直到“日心说”的出现。

3. “日心说”的发现

公元15世纪，出生于波兰的哥白尼，在学习医学期间对天文学产生了兴趣。1496年，他来到意大利，在攻读法律、医学和神学的同时，学习和掌握了天文观察技术及希腊的天文学理论。哥白尼熟悉了阿里斯塔克斯（公元前3世纪）的学说，确信地球和其他行星都围绕太阳运转。经过观察和计算，终于完成了他的伟大著作《天体运行论》。他求得的恒星年时间是365天6小时9分40秒，误差只有百万分之一；他求得的月亮到地球的平均距离是地球半径的60.30倍，误差只有万分之五。

在教会统治的年代里，罗马教廷对哥白尼的学说深感惊慌，哥白尼经常受到威胁和迫害。1533年，教皇克雷蒙七世听了"太阳中心学说"的基本原理，对哥白尼学说大为震惊，他想尽办法，要把哥白尼的手稿控制起来。对哥白尼来说，当时的处境很危险，但他并没有妥协。1541年，哥白尼下决心将他的著作印出来。1543年5月24日，当这部巨著印好并送到弗隆堡时，久病的哥白尼已危在旦夕。医生梭尔法把书放到被子上，哥白尼用他无力的手，抚摸着倾注了一生心血的书稿。一小时以后，哥白尼就与世长辞了。

在教会统治的年代里，伽利略支持哥白尼的"日心说"，教皇保罗五世下达了著名的"1616年禁令"，禁止伽利略传播日心说。1624年伽利略去罗马，希冀获得故友、新任教皇乌尔邦八世的同情和理解，维护新兴科学的生机。虽然他先后觐见教皇多次，力图说明日心说可以与基督教教义相协调，但毫无效果。乌尔邦八世坚持"1616年禁令"，只允许伽利略写一部同时介绍日心说和地心说的书，但对两种学说的态度要公平，不能有倾向性，而且都要写成数学假设性的。1624年到1630年，伽利略撰写了《关于托勒密和哥白尼两大世界体系对话》（以下简称《对话》）一书。他再次到罗马，取得了《对话》书的“出版许可证”。此书终于在1632年出版了。《对话》在表面上保持中立，但实际上却为哥白尼日心说体系辩护，多处对教皇和主教隐含嘲讽，远远超出了仅以数学假设进行讨论的范围。《对话》出版后6个月，罗马教廷便勒令停止出售。年近七旬而又体弱多病的伽利略被迫前往罗马，在严刑拷打下被审讯了多次。几经折磨，最终在1633年6月22日在圣玛丽亚修女院的大厅上，被10名枢机主教联席宣判有罪。伽利略的主要罪名是违背“1616年禁令”和圣经教义。伽利略被迫在教廷已写好的“悔过书”上签字。教会宣布：判处伽利略终身监禁，《对话》必须被焚毁，并禁止出版或重印他的其他著作。宗教裁判所随后又改判伽利略在家软禁。伽利略于1642年1月8日病逝，葬礼草率、简陋。又过了一个世纪，他的遗骨才迁到家乡的大教堂安葬。

为了纪念伽利略，联合国将2009年定为国际天文年。

哥白尼的学说对伽利略和开普勒有很大的启示，而伽利略和开普勒二人可以说是牛顿的老前辈。正是有了他们的研究成果做基础，才有了牛顿发现运动三大定律和万有引力的可能。

哥白尼的学说是人类对宇宙认识的革命，它使人们的世界观发生了重大变化，使科学从宗教神学中解放出来，是唯物主义的伟大胜利。因此，哥白尼的《天体运行论》成为现代科学的起点。哥白尼和伽利略敢于突破和创新的勇气，永远激励着后人。

4. 牛顿与科学革命

1661年6月，牛顿（1643年—1727年）进入了剑桥大学的三一学院。在那个时代，该学院的教学内容主要是亚里士多德的学说，但牛顿更喜欢阅读笛卡儿等现代哲学家及伽利略、哥白尼和开普勒等天文学家的新的科学思想。1665年，牛顿发现了广义二项式定理，发展出一套新的数学理论，就是当今人人熟知的微积分学。1665年，牛顿获得了大学学位。当时欧洲流传瘟疫，政府为了防止瘟疫传染而停办了大学。此后两年里，牛顿在家中继续研究微积分学、光学和万有引力定律。

1669年，牛顿被授予卢卡斯数学教授席位；1687年，他发表著作《自然哲学的数学原理》；1689年，他当选为国会议员。牛顿是皇家科学院的成员，1703年成为皇家学会会长，任职24年，直到1727年去世。

在《自然哲学的数学原理》一书里，牛顿对万有引力和三大运动定律进行了描述。他通过论证开普勒行星运动定律与他的引力理论之间的一致性，展示了地面物体与天体的运动都遵循着相同的自然定律，从而消除了世人对太阳中心说的最后一丝疑虑。他的万有引力定律和哥白尼的日心说共同奠定了现代天文学的理论基础。

在力学上，牛顿阐明了角动量守恒的原理；在光学上，他发现了三棱镜可以将白光发散成彩色可见光谱，进而发展了颜色理论；他还研究了音速，系统地描述了冷却定律；在数学上，牛顿研究创立出微积分学，证明了广义二项式定理，提出了“牛顿法”以趋近函数的零点，并为幂级数的研究作出了贡献。

《自然哲学的数学原理》一书所阐释的物理世界的科学观点、万有引力和三大运动定律成为现代工程学的基础，开辟了大科学时代。

牛顿是世界上最有影响的科学家之一，被誉为“物理学之父”，牛顿运动定律奠定了经典力学的基础。如今，人造地球卫星、火箭、宇宙飞船的发射升空和运行轨道的计算，都仍以万有引力和三大运动定律作为理论根据。

公元18世纪前后，出现了一批著名的科学家、发明家，如伏特、安培、欧姆、法拉第、焦耳等，他们共同推动了科学革命。

牛顿的《自然哲学的数学原理》一书发表于1687年，但这本书的内容直到鸦片战争之后才开始在中国传播。

哥白尼的太阳中心说、开普勒的椭圆轨道和牛顿的万有引力相继传入中国，唤醒了当时处在封建统治下的中国人对于科学真理的认知欲望，使其变革图强的意识越来越强烈并对中国资产阶级改革派发起的戊戌变法起了推动作用。

5. 机械、蒸汽机的发明

中世纪的欧洲，由于环球航行的成功，羊毛制品贸易迅速增长，畜牧业利润丰厚，为管理便利，资本家开始圈地，进行集中管理。1701年条播机的发明，提高了农业生产效率，也需要集中土地。

纺织业也得到发展，工场手工业兴起，培养了大量有实践经验的技工。1733年机械师凯伊发明了飞梭，1765年织工哈格里夫斯发明了珍妮纺织机，大幅度增加了棉纱产量。这也引发了技术革新的连锁反应，揭开了工业革命的序幕。

不久，采煤、冶金工业部门，也开始使用机器。

机器生产增多，畜力、水力、风力等动力已经无法满足生产要求。1785年，瓦特的发明、改良并成功制造出实用高效率的蒸汽机，提供了不受地域和自然条件限制的便利的动力，自此人类社会进入了蒸汽时代。

随着工业革命的兴起，社会生产力迅速上升，棉花、布匹、煤炭等各种原料和产品的运输日益成为十分突出的问题。古老的帆船和马车，不仅载运量小，而且速度慢，落后的交通工具已经成为大工业生产的障碍。

17世纪，为了提高车辆的运输效率，英国和德国的矿区开始使用木材铺设路轨。18世纪80年代，英国将木轨改为铁轨，出现了马车铁路。1819年，史蒂芬逊制造出了第一台实用的蒸汽机车。1825年，史蒂芬逊的火车正式通车，从此，火车登上了历史的舞台。与此同时，轮船运输也开始使用蒸汽机动力。1807年，美国富尔顿等人建造的“克勒蒙特”号蒸汽机动力船首航成功，蒸汽动力船取代帆船标志着新海运时代的开始。1819年，带有风帆和蒸汽动力的“萨凡纳”号的速度比木帆船快了一倍多。经过大约20年的发展，到1838年英国轮船“天狼星”号和“大西方”号可以完全依靠蒸汽动力，并成功横渡大西洋。

第一次工业革命期间，纺织机械、蒸汽机等各种发明创造不断出现，到19世纪中期，第一次工业革命基本完成。

英国率先完成了工业革命，成为了当时最富强的国家。

纺织机械、蒸汽机的发明和创新，科学技术的兴起，推动封建社会逐步衰亡，人类文明进入了资本主义社会。

6. 内燃机、电话、电报、化工类的发明

第一次工业革命完成以后，科学技术迅速发展，尤其是电力得到了广泛应用，用内燃机作为动力的新交通工具大量涌现，电话、电报等新传播工具的发明，化学工业的建立等等，都标志着第二次工业革命的到来。各种新技术、新发明层出不穷，并迅速应用于工业生产，促进了经济的迅猛发展。

1831年，英国科学家法拉第发现电磁感应现象，科学家们大力研究电学，开始研制发电机。1866年德国科学家西门子研制出发电机。1870年比利时人格拉姆发明了电动机，为生产和生活提供了新动力。1879年爱迪生发明了白炽灯，随后电灯、电风扇等电气产品如雨后春笋般地涌现出来，电网逐步建立，人类社会逐渐步入电气自动化时代。

1876年，德国人奥托制造出世界上第一台煤气四冲程内燃机。1883年，德国工程师戴姆勒制造出以汽油为燃料的内燃机。1885年，德国工程师卡尔·本茨制造出世界上第一辆汽车。1903年美国人莱特兄弟发明了飞机。此后，内燃机也逐渐使用到火车、轮船上。

内燃机的发明，推动了石油化工工业的兴起和发展。

汽车的发明，标志着一种新型运输工具的诞生，汽车工业从此开始。

飞机的发明，开创了航空工业。

1837年，美国人莫尔斯发明了电报机。1844年华盛顿与巴尔的摩之间的电报传讯重大实验取得成功，美国人萨缪尔·摩尔斯编出了至今仍在使用的摩尔斯电码。1876年，美国人贝尔发明了电话。

1864年，英国科学家麦克斯韦建立了电磁波理论，德国物理学家赫兹证明了电磁波的存在。1894年，意大利人马可尼利用赫兹的发现，开始进行短距离的无线电报实验。1899年，在英法之间发报成功，两年后横跨大西洋发报成功。

电报、电话、无线电的发明，开创了人类的电讯工业。

1867年，诺贝尔研制出无烟炸药。1880年，科学家提炼出氨、苯等化学产品，并将其广泛应用到人们的生活中。

第二次工业革命与第一次工业革命相比最重要的特点是：科学与技术紧密结合，科学技术成为技术进步的重要推动力。

第二次工业革命把人类推进到现代文明社会。

7. 电子计算机的出现、互联网的普及

第三次科技革命，是人类文明史上科技领域里的又一次重大飞跃。第一次工业革命以机械、蒸汽机为代表，第二次工业革命以电力技术为代表，第三次科技革命以原子能、电子计算机、空间技术和生物工程的发明和应用为主要标志，涉及很多高科技领域，对人类社会的工作和生活产生了巨大的影响。

爱因斯坦在1905年提出光子假设，成功解释了光电效应，获得1921年诺贝尔物理奖。他在1905年创立狭义相对论，在1915年创立广义相对论，为核能开发奠定了理论基础，这一切使爱因斯坦成为自牛顿以来最伟大的物理学家。

20世纪40年代，电子管计算机问世。1959年，出现了晶体管计算机。之后，从小规模集成电路计算机发展到70年代大规模集成电路计算机。80年代，个人用计算机开始普及

到千家万户，在通信、多媒体等领域得到广泛应用。

20世纪末互联网的普及，使网络经济得到快速增长，互联网越来越深刻地改变了人们的学习、工作和生活方式，迅速渗透到经济和社会的各个领域。

电子计算机无疑是对人们的学习、生活、工作等方面影响最大的一项发明。

结语：

从上述的七次人类发展史上的巨大跨越可以看出，每一次重大的科学发现和重大发明都会引起社会的变革，深刻地改变人们的学习、工作和生活方式。因此，科技创新是推动人类发展的动力。

二、创新的类型

创新，根据它们对社会的影响，可以分为三类。

1. 革命型创新

前面提到的七次创新是革命型的创新，对人类文明有巨大贡献，具有划时代的特征。

火的发现使人类摆脱了茹毛饮血的时代，工具由石器到铁器，提高了生产力，从而影响了生产关系，从氏族社会步入封建社会。

自然科学、数学的研究创立了严谨的逻辑推理思维，为现代科技创新提供了基础，促进了近代科学的发展。

哥白尼的“日心说”是人类对宇宙认识的革命，它使人们的世界观发生了重大变化，使科学从宗教神学中解放出来，是唯物主义的伟大胜利。

自牛顿的《自然定律》开始，出现了一批著名的科学家、发明家，如伏特、安培、欧姆、法拉第、焦耳等，他们使运动学、力学、光学、电学等各个学科都得到了研究和发展。可以说，他们共同推动了科学革命，为工业革命作了理论准备。

纺织机械、蒸汽机等各种发明创造不断出现，到19世纪中期，第一次工业革命基本完成。封建社会逐步衰亡，进入资本主义社会。

内燃机、电力的发明，启动了第二次工业革命，开始了电气自动化时代，深刻地改变了人们的学习、工作和生活方式，资本主义由自由竞争阶段逐步进入垄断资本主义阶段。

第三次科技革命以原子能、电子计算机、空间技术和生物工程的发明和应用为主要标志。20世纪末，随着互联网的普及，网络经济得到快速增长，互联网越来越深刻地改变了人们的学习、工作和生活方式，并迅速渗透到经济和社会的各个领域。社会发展开始步入互联网时代。

上述这些创新，直接影响到人类的学习、工作和生活方式，也导致了社会制度的变化，因而可以称它们是革命型的创新。

2. 突破型创新

突破型创新是指由于该项发明创新，开辟了某个新的行业，对广大民众的生活产生重大影响。例如：

火车的发明，开始了全面的铁路运输业。

电力的应用、电灯的发明，开创了照明业。

汽车的发明，开创了汽车工业。

飞机的发明，开创了航空业。

通过提炼氨、苯等化学产品，塑料被广泛应用到人们的生活中，开创了化工工业。

电报、电话、无线电的发明，开创了人类的电讯业。

收音机、电视机的发明，促进了广播电视业的兴起。

3. 推进型创新

推进型创新是指创造发明出新的产品，改善人们的生活，满足人们的需求。例如：录音机、照相机、冰箱、洗衣机、空调、电风扇等。这些新产品让人们的物质、精神生活变得更丰富，让人们能获得更高层次的享受，因此，它们的出现具有很重要的意义。

推进型创新还包括：在各项科学技术领域中改进研究出来的、前人未知的、未做成的新成果；在已知科学技术的基础上，使学科理论向前推进的创新发现。

推进型创新是涉及面最广的创新。

三、社会需求刺激了创新活动的产生

发明来自需求。工业革命时期，珍妮纺织机的发明源于纺织工业对提高效率的需求；蒸汽机的发明源于机器对动力的需求；电灯的发明源于人们在生活中对照明的需求。

发明的成功源于可能。“可能”是指要具备发明的条件：第一，有需求就会有发明所需的资金；第二，有发明所需的经验、知识、理论；第三，有加工制造、实验的能力。

瓦特蒸汽机经历了二十几年的改进：企业家罗巴克的赞助、与博尔顿的合作提供的资金；当徒工的经历以及在修理店的长期工作，让瓦特积累了丰富经验和知识；精密镗孔加工技术解决了活塞与汽缸的密合难题……在这些“可能”获得满足之后，瓦特终于制成了能用于实际生产的蒸汽机。

如果没有资金，没有经验和知识，没有精密镗孔加工技术，瓦特是不可能发明出蒸汽机来的。

自古以来人们一直梦想飞上蓝天，莱特兄弟在自行车铺里开始了研究飞机的历程。他们收集了当时关于飞机的资料，于1901年制造出了第一个能对机翼性能试验的风洞，并进行了上千次的滑翔飞行。1903年，高效力发动机装上了飞机，“飞行者一号”试飞成功。

莱特兄弟如果没有自己的自行车公司提供资金，没有关于飞机的资料和丰富的机械知识，没有高效力发动机，就不会有“飞行者一号”试飞的成功。

法拉第发现的电磁感应、麦克斯韦的电磁理论为发电机、电动机、电灯、电报、电话等发明奠定了理论基础，推动了电气时代的到来。

科学发现的条件是：一要有坚实的理论基础，尤其是数学；二要有丰富的想象力；三要有实验观察手段。

哥白尼曾经到罗马去担任数学教师，还曾努力研读古代的典籍，目的是为“太阳中心学说”寻求参考资料。他几乎读遍了能够弄到手的各种文献。

哥白尼的观测工作在克拉科夫大学时就有了良好的开端。他曾利用著名的占星家玛尔卿·布利查（约1433—1493年）赠送给学校的“捕星器”和“三弧仪”观测过月食，研究过浩翰无边的星空。

牛顿认为从观察的现象中可以总结出科学原理，或者说科学基本原理可以从现象中导得或推出。牛顿重视实验，是将其理论应用于天体、流体、引力等实际问题的能手。

爱因斯坦的论文《论动体的电动力学》是关于狭义相对论的第一篇文章，它包含了狭义相对论的基本思想和基本内容。10年后，他又完成了长篇论文《广义相对论的基础》。爱因斯坦利用太阳引力使空间弯曲的理论很好地解释了水星近日点进动中一直无法解释的43秒。广义相对论的第二大预言是引力红移，即在强引力场中光谱向红端移动。后来天文学家在天文观测中证实了这一点。爱因斯坦的质能关系公式正确地解释了各种原子核反应。他成功的名言是“想象力比知识更重要”。

总之，正是人们在社会生活中有了各式各样的需求，才刺激了科学家不断推陈出新、创造出新的理论和产品。科学与需求是紧密结合的，而不断涌现出的发明创造的成果，又为进一步地创新提供了可能。

四、一项发明需要无数次创新活动来完善

一项创新、发明的出现，需要经过发明家很长时间的努力，还要经过很多推进型创新才能逐步完善。这一点可以通过下面的几项重大发明来证实：

蒸汽机

发明过程——古希腊数学家亚历山大港的希罗于公元1世纪发明的汽转球，是蒸汽机的雏形。

约1679年，法国物理学家丹尼斯·巴本制造出蒸汽机的工作模型。

1712年，托马斯·纽科门制造出早期的工业蒸汽机（见图1）。

1769年，詹姆斯·瓦特将冷凝器与汽缸分离开来，提高了蒸汽机的效率，改进并制造出工业蒸汽机。终于，在1776

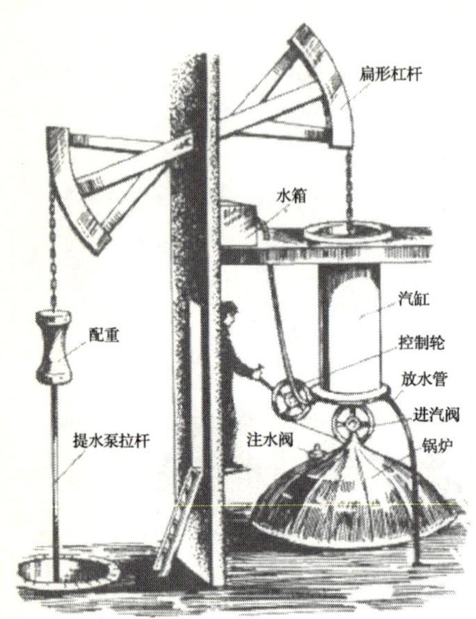

图1 托马斯·纽科门的大气式蒸汽机

年，第一批新型蒸汽机成功制造并应用于实际生产。

在合伙人博尔顿的提议下，瓦特开始继续研究如何将蒸汽机的直线往复运动转化为圆周运动，以便使得蒸汽机能为绝大多数机器提供动力。这一研究在1782年获得成功（见图2）。

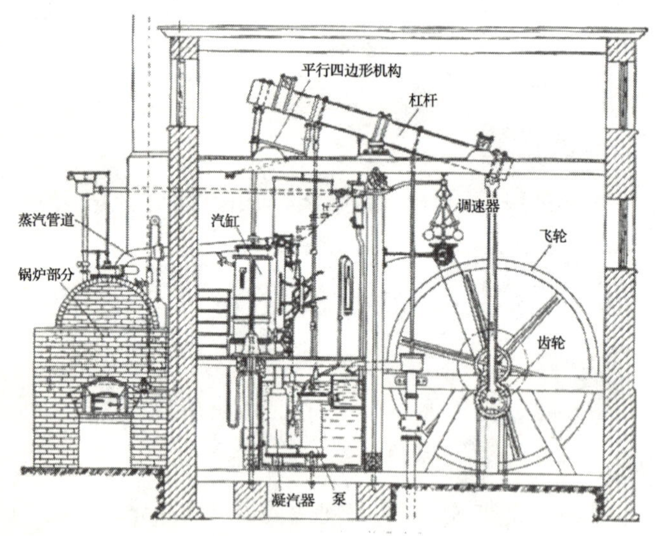

图2 1782年的瓦特蒸汽机

之后的几年里，瓦特又对蒸汽机作了一系列改进。他发明了双向汽缸；使用节气阀门与离心节速器来控制气压与蒸汽机的运转；发明了一种气压示工器来指示蒸汽状况；发明了三连杆组保证汽缸推杆与气泵的直线运动。所有这些革新改进使蒸汽机日趋完善，使得瓦特的新型蒸汽机的效率是过去的纽科门蒸汽机的很多倍（见图3）。

创新推进——经过很多科技人员的推进型创新和不断改进，蒸汽机的发展在20世纪初达到了高功效、高效率的状态。

图3 改进的瓦特蒸汽机

蒸汽机具有恒扭矩、可变速、可逆转、运行可靠、制造和维修方便等优点，因此曾被广泛用于电站、工厂、机车和船舶等各个领域中，蒸汽火车（见图4）、蒸汽公共汽车（见图5）等新式交通工具相继出现。

图4 蒸汽火车

蒸汽机的改进首先体现在功率和效率的提高上，而功率和效率的提高又主要依靠提高蒸汽压力和温度。初期蒸汽机的蒸汽压力仅为0.11～0.13兆帕；蒸汽温度在19世纪末还不超过250℃；瓦特初期连续运转的蒸汽机，热效率不超过3%；转速方面，瓦特蒸汽机只有40～50转/分；功率方面，最

图5 蒸汽公共汽车

初单机功率仅有几马力。

经过工程技术人员长期的努力，通过技术革新，20世纪20年代蒸汽压力达到几兆帕；到20世纪30年代一般蒸汽温度提高到350℃左右；20世纪中期，蒸汽机转速达到100～300转/分；船用蒸汽机的功率可达上万马力。

高压汽轮机的出现，使蒸汽机技术获得了突破性的创新。高压汽轮机由一系列带有螺旋桨式的桨叶的转盘组成，比活塞往复蒸汽机运行得更加平稳。

现代蒸汽机最大的优点是：它几乎可以利用所有的燃料，如油、天然气、煤、包括木材等，将热能转化为机械能。蒸汽机对燃料不挑剔，不像内燃机那样只能用燃油。原子能发电，实际上只是在原子反应堆中加热水，产生蒸汽，蒸汽通过蒸汽涡轮机转化为动力，然后通过发电机发电。蒸汽不一定需要通过燃烧来产生，比如使用太阳反光聚热也可以产生蒸汽，推动蒸汽机，使发电机发电。

内燃机

发明过程——活塞式内燃机的构想起源于荷兰物理学家惠更斯。他试图用火药爆炸获取动力，但因火药爆炸难以控制而未获成功。1794年，英国人斯特里特第一次提出了燃料与空气混合的概念，想从燃料的燃烧中获取动力。1833年，英国人赖特提出了直接利用燃烧压力推动活塞作功的设想。19世纪中期，科学家完善了通过燃烧煤气、汽油和柴油等燃料产生热，利用燃烧压力推动活塞做功，转化为机械动力的理论，为内燃机的发明奠定了基础。

1860年，法国的勒努瓦模仿蒸汽机的结构，设计制造出第一台实用的煤气内燃机。这是一种无压缩、电点火、使用照明煤气的内燃机。勒努瓦首先在内燃机中采用了弹力活塞环。这台煤气机的热效率为4%左右。

英国人巴尼特提出将可燃混合气在点火之前进行压缩，提高勒努瓦内燃机的效率。1862年，法国科学家罗沙对内燃机热力过程进行理论分析之后，最早设计了四冲程工作循环。

1866年，德国发明家奥托运用罗沙的四冲程内燃机原理，研制成功第一台往复活塞式、单缸、卧式四冲程内燃机。这种机器以煤气为燃料，转速为156.7转/分，压缩比为2.66，功率3.2千瓦，热效率达14%。在当时，奥托的内燃机性能是最好的（见图6）。

图6 奥托内燃机(上)和奥托内燃机车(下)

创新推进——经过很多科技人员的推进型创新和改进，内燃机性能也在不断提高。

汽油和柴油比煤气易于运输和携带，引起了发明家的注意。1883年德国的戴姆勒研究制造第一台轻型和高速的立式汽油机。

德国工程师狄塞尔，于1897年研制成功压缩点火式内燃机(柴油机)。创新的压缩点火式内燃机也以发明者而命名为“狄塞尔引擎”，为内燃机的发展开拓了新途径。

活塞式内燃机经过不断改进和发展，热效率高、功率和转速范围宽、配套方便、机动性好，已经是比较完善的动力机械，获得了广泛的应用。全世界各种类型的汽车、拖拉机、农业机械、工程机械等都以内燃机为动力。海上轮船、内河船舶、某些小型飞机也都用内燃机来推进。直至今日，内燃机的保有量在动力机械中始终居于首位，在人类的生产、生活中占有重要地位。在军事装备方面，各种战车和舰艇，早期的军用飞机都用活塞式内燃机。随着不断改进，内燃机的热效率已经高达百分之三十以上。

经过创新和发展，科学家和机械师们研究出了各式各样的内燃机，有旋转活塞式发动机、旋转叶轮式的燃气轮机、喷气式发动机等，满足了人们生产、生活方方面面的需要。

轮船

发明过程——公元782—785年，中国杭州知府李皋

在船的舷侧或船尾装上带有桨叶的桨轮，靠人力踩动，使轮轴上的桨叶拨水推动船体前进，桨轮下半部浸入水中，上半部露出水面。所以，中国称这种不靠人工摇橹和风帆推进的船为“轮船”。

蒸汽机发明成功之后，很多工程师想用蒸汽机作动力来驱动船舶。根据记载最早进行尝试的是法国发明家乔弗莱·达邦。他在船上安装蒸汽机，驱动一组木桨，但航速很慢。英国人西明顿也曾建造过蒸汽动力的轮船，但后来停止航行。

1807年，美国机械工程师富尔顿设计制造出蒸汽机带动明轮拨水推动的“克莱蒙特”轮船（见图7），开通了世界上最早的轮船定期航班。机械动力替代人力和风帆推进的船开始投入使用，富尔顿被誉为“轮船之父”。

图7 富尔顿的“克莱蒙特”轮船

创新推进——机械动力船经历了很多创新推进。螺旋桨推进器取代明轮的革新提高了推进效率；以燃油为燃料的内燃机替代了蒸汽机；汽轮机装上了轮船，成为主要动力装置。轮船的发明和不断改进，使水上运输发生了巨大的变化，世界海运量大幅度上升。

由以上例子可以看出，发明的前后需要很长时间的努力，还要经过很多推进型创新才能逐步完善。所以，我们不能只看重重大发明，还要看到推进型创新的作用，有时技术不断进步，会导向新发明的诞生。

五、创新的关联性

创新之间是相互关联的，一项创新往往以另一项创新为前提，有时候为了完成一项创新不得不进行另一项创新。

汽车——正是因为蒸汽机和内燃机的发明，人们才会想到去发明汽车。

英国的詹姆斯最早发明了时速25公里的以蒸汽机为动力的汽车。用蒸汽机就要安装锅炉，这使得这种汽车需要烧煤，自重大、速度慢。

1866年，德国发明家奥托创制成功第一台用煤气作燃料的往复活塞式发动机。这种机器被应用到车上，内燃机车由此诞生。

德国工程师卡尔·本茨成功制造了一台以汽油为燃料的二冲程发动机。在此前提下，1885年，他制成了第一辆本茨专利机动车（见图8）。该车为三轮汽车，采用一台两冲程单

图8 卡尔·本茨的三轮机动车

缸0.9马力的汽油机。这辆三轮汽车具备了现代汽车的基本特点，如火花点火、水冷循环、钢管车架、钢板弹簧悬架、后轮驱动前轮转向和制动手把等。这就是世界上第一辆现代汽车。

内燃发动机与汽车是相关联的发明。有了内燃发动机提供动力，才有了后来给人们带来更多方便的早期四轮汽车（见图9）。

图9 早期四轮汽车

在我们如今的生活中，汽车越来越先进，汽车的功能越来越完善，有了让乘客感觉更舒服的空调系统，有了让出行更快捷的定位系统等。但是，从汽车的创造史中我们可以看出，这些发明创新并不是一蹴而就的，而是以前人的创新为基础，一步步不断发展起来的。可以说，如果没有最早的、简陋而笨重的蒸汽机汽车，就没有现在这些外表华丽、功能齐全的现代汽车（见图10）。

图10 现代汽车

飞机

20世纪初，在美国，莱特兄弟在世界飞机发展史上作出了重大的贡献。

为了研制飞机，他们创造了世界上第一个风洞。

他们首先仔细研究了前人的试验数据，再通过大量风筝、滑翔机以及风洞试验做验证，自制了200多个不同的机翼进行了上千次风洞实验，设计出了当时最佳的机翼剖面形状和角度，以便获得最大的升力。

风洞实验是飞机创新的前提。

从1903年夏季开始，莱特兄弟着手制造这架著名的“飞行者一号”双翼机。动力飞行首先需要一台发动机，但当时市面上根本没有飞机的发动机出售，也没有一家公司愿意冒险制造航空发动机。但是兄弟俩并没有气馁，他们请了机械师查尔斯·泰勒来帮他们制造了一台大约12马力、重77.2千克的活塞式发动机。10月中旬，“飞行者一号”（见图11）组装完毕，飞上天空。

图11 “飞行者一号”双翼机

在飞机的发明创造中，风洞和高效率发动机是与其相关联的发明。如果不是在这两项发明的基础上，飞机是无法被创造出来的。

飞机被创造出来以后，也是经过了多次改进。早期的改进包括让飞机更坚固、飞行更平稳等（见图12），后来又有了在第二次世界大战中扮演了重要角色的早期战斗机（见图13）。战争结束后，飞机作为新式的交通工具，不断被改进，逐渐发展成为更安全、更高速的现代航空飞机（见图14）。

图12 改进的飞机

图13 早期战斗机

图14 现代航空飞机

随着技术的进步以及对新能源的开发，太阳能飞机面世了（见图15）。相信终有一天，这种绿色环保的现代交通工具会更进一步地得到普及。

图15 太阳能飞机

六、社会对创新的影响

社会环境与创新活动有着相互作用、相互影响的关系。

有人曾经提出一个疑问，那就是，第一次工业革命为何没在中国发生？我们可以对这个问题作出解答，然后从这个问题的答案中，看出创新与社会环境的相互作用。

为什么第一次工业革命没在中国发生？

首先，从经济方面看，英国的圈地运动造就了一批农场和牧场，自耕农消失。农牧场以雇工形式进行管理经营，农牧场的经营效果直接影响到农牧场主的收益。农牧场主为提高生产效力而改进生产工具，投入资本，建立工厂，首先是纺织厂。手工劳动积累的经验，生产技术的进步，使机器生产时代来临。

机器生产需要动力，除了人力、蓄力、水力这些原始的动力以外，人们开始寻求新动力。古希腊的蒸汽动力引起了人的注意。从1765年到1790年，瓦特进行了一系列发明，改进了纽科门蒸汽机，使蒸汽机成了可普遍使用的动力。

第一次工业革命到来了。史蒂芬逊创造了蒸汽机车，开创了铁路时代。蒸汽机又用于轮船、火车、发电等。

这些科学发现使英国开使了以蒸汽机作为动力机并被广泛使用为标志的，以机器代替手工劳动的时代。

英国工业革命即将开始时，中国正处于清朝乾隆皇帝统治时代。当时，中国的国力、财力可以说是世界一流的，幅员辽阔，人口众多，市场巨大。

在清朝的雍正时期，中国曾也出现过圈地现象。但圈地后出现的是一批地主，中国经济在当时仍然属于小农经济。中国的地主是将土地租给农民，然后收取年租，丰年灾年与地主收益关系不大。地主虽有资金，但对提高生产力没有意愿；而农民没资金，缺少知识，无法改进生产工具，没有能力提高生产力。这就不能为中国出现“工业革命”提供经济上的动力。

其次，从文化氛围来看，中国提倡“学而优则仕”，不论贫富，不论地位高低，只要书读得好都能做官。经过各朝各代统治者的引导，人们推崇“四书无经”，看不起体力劳动，看不起农夫、铁匠、木匠等劳动工种；崇尚“万般皆下品，唯有读书高”，但读的书与农业、手工劳动无关，与科学技术无关。这就使中国的知识分子思维全部框死在“如何读好书做上官”的思想里，没有人去改进生产技术，即使有人想去做，也会被众人斥责为歪门邪道。

而在西方国家，为了赚取更多利润，提高生产效率，形成了鼓励知识分子学习技术，鼓励革新创造的风气，这就为工业革命的兴起提供了智力支持。

最后，从社会传统方面来说，中国习惯于自耕自作的小农经济，小作坊式的经营方式，所谓“鸡犬之声相闻，老死不相往来。”如果某人有一项专长，往往视为“祖传秘诀”，轻易不传外人，因而，即使有些创新，也得不到发扬光大。

而英国早在1660年就成立了英国皇家学会，云集了科学家、工程师等科技人才，对科学技术的交流，发明创造及知识产权的保护都起了不少的作用。

以上是第一次工业革命为何没在中国出现的部分原因。从这些历史教训中可以看出，社会环境对创新是有巨大影响的。如果我们想提高社会生产力，就应该提倡、鼓励创新，创造有益于创新活动的社会氛围。

那么，具体说来，社会环境对创新活动，可能产生哪些作用和影响呢？

1. 束缚

在古希腊，人们对于天体的运动有两种不同的解释：一种以亚里士多德为代表，从几何角度解释天体的运动，把天上复杂的周期现象，分解为若干个简单的周期运动；又给每一种简单的周期运动指定一个圆周轨道，或者是一个球形的壳层，认为天体都在以地球为中心的圆周上做匀速圆周运动，也是早期的“地心说”。另一种以阿利斯塔克为代表，认为地球每天在自己的轴上自转，每年沿圆周轨道饶日一周；太阳和恒星都是不动的，而行星则以太阳为中心沿圆周运动；因为这与人们肉眼直接看到的景象不同，他的见解当时没有人能理解和接受。

托勒密于公元2世纪，提出了自己的宇宙结构学说，即“地心说”。他认为宇宙的运动是由上帝推动的，宇宙是一个有限的球体，分为天地两层，地球位于宇宙中心，日月围绕地球运行，物体总是落向地面。

“地心说”用几何的角度解释天体的运动，方法是正确的，结论是错误的。教会利用了“地心说”，这种思想束缚了西方一千多年的发展。

直到15世纪，哥白尼提出了“日心说”，否定了教会的权威，改变了人类对自然、对自身的看法，并经过长年的观察和计算完成了他的伟大著作《天体运行论》。

由于哥白尼害怕教会对这一新兴科学理论进行迫害，《天体运行论》一书直到1543年他临终时才出版。哥白尼在《天体运行论》将要出版的时候，罗马教廷为了防止扩大影响，对其采用了不闻不问对策。同时，由于哥白尼的著作是用拉丁文写的，只有懂数学的人才能看懂，在市民阶层中影响不大，因此，罗马教廷在几十年里没有对哥白尼的著作明令取缔。

哥白尼的学说是人类对宇宙认识的革命，它使人们的整个世界观都发生了重大变化，这是唯物主义和唯心主义斗争的伟大胜利。但他的学说没有得到及时的传播，延缓了科学发展的进程。直到一百年后，伽利略几经教会迫害，冲破重重阻力，才使这一学说大白于天下。从此开创了现代科学的新纪元，使牛顿有能力确定运动定律和万有引力定律。

教会利用“地心说”，迷惑人们，束缚人们的思想，阻碍了科学事业发展一千多年。这充分说明了，社会环境有时候会对创新活动产生束缚。

2. 助推

第二次工业革命，自然科学开始同工业生产紧密结合起来，科技发展促进技术革新，科学技术成为推动生产力发展的直接动力。

第二次工业革命几乎是在几个先进的资本主义国家同时进行的，新的技术和发明超出了一国的范围，其规模更加广泛，发展也比较迅速，并且科技成果应用于生产、转化为生产力的周期也大大缩短。

第三次科技革命首先在美国兴起绝非偶然现象，而有其客观必然性。首先，第二次世界大战后，美国政府高度重视科技，积极采取措施推动科技事业的发展，直接促成第三次科技革命首先在美国兴起；其次，美国人来自世界各地，融合了各民族的文化传统，特别是第二次世界大战前后，美国涌入一批优秀的欧洲科学家，如爱因斯坦、冯·诺伊曼（计算机科学家）等；最后，美国建立了各种学会组织，使科研体制多元化。

阿波罗计划是美国组织实施的一系列载人登月飞行任务，实现了载人登月飞行和人对月球的实地考察，是世界航天史上具有划时代意义的一项成就。阿波罗计划始于1961年5月，至1972年12月第6次登月成功结束，历时约11年，耗资255亿美元。在工程高峰时期，参加工程的有2万家企业、200多所大学和80多个科研机构，总人数超过30万人。载人登月飞行创造了很多新学科、新技术，对人类科学技术的发展起了很大的推动作用。

面对世界高技术的蓬勃发展，中国于1986年3月启动实施了国家“高技术研究发展计划（863计划）”，旨在提高我国自主创新能力，坚持战略性、前沿性和前瞻性，以前沿技术研究发展为重点，统筹部署高技术的集成应用和产业化示范，充分发挥高技术引领未来发展的先导作用。863计划以信息技术、生物和医药技术、新材料技术、先进制造技术、先进能源技术、资源环境技术、海洋技术、现代农业技术、现代交通技术和地球观测与导航技术等关键高技术领域为重点，赶超世界先进水平。863计划推动了中国科学技术的发展。

由以上例子可以看出，社会环境对创新活动也能起到助推的作用。

3. 社会发展使创新活动的层次大大提高

有些创新活动是从人能直接感触到的、观测到的现象开始的。比如传说的：牛顿看见苹果从树上掉到地下，从而发现了万有引力；伽利略看见教堂吊灯摆动，发现了单摆等时性规律；瓦特看见水开了壶盖跳动而发明了蒸汽机等。

有些创新则是可以通过简单的仪器设备检测、验证的。如法拉第发现当一块磁铁穿过一个闭合线路时，线路内就会有电流产生，这个效应叫电磁感应，产生的电流叫感应电流，由此发现了电磁感应定律。类似的例子还有西门子（德国）的发电机、格拉姆（比利时）的电动机、爱迪生（美国）的电灯等。

创新从人能直接感触到的、观测到的现象开始，到通过简单的仪器设备能检测、验证，中间经过了大量的实验和思考。随着科学技术的发展，创新项目的技术含量越来越高，要求的仪器设备越来越复杂，单靠个人很难实现，需要社会、企业注入财力、物力，有组织地进行开发才有可能完成，这就使创造发明趋向群体化。

在当代社会，很多创新的理念、创新的思维和创新的项目设想，可以由个人首创，然后组织实施。因此可以说，随着社会的进步，创新活动的技术含量、层次水平都大大提高了。

4. 社会进步能够保护创新思维的知识产权

在过去，创新更多地被视为个人行为；而在社会生产力极大进步的今天，创新已经不再是简单的个人行为，而是在各个方面都受到法律的保护和支持。

创新的理念、创新的思维和创新的项目设想由个人首创，其知识产权受到法律保护，这样有利于创新思想的发展和交流。类似的法律有著作权法、知识产权法等。

综上所述，社会环境和创新活动之间有着千丝万缕的联系。创新活动推动着社会进步，而社会环境又反过来对创新活动起着很重要的作用。

第二章

创新丰富了人类的精神生活

人类在追求衣、食、住、行等物质生活的同时，也追求精神生活的丰富。文化艺术随着科学技术的进步而得以发展，文化艺术方面的创新也随之而来。

文化产业是以生产和提供精神产品为主要活动，把满足人们的文化需要作为目标，是指文化意义本身的创作与销售，狭义上包括文学艺术创作、音乐创作、摄影、舞蹈、工业设计与建筑设计。

文化产业各国没有一个统一的说法，中国国家统计局将以下8类列为“文化产业”的范围：(1) 新闻服务；(2) 出版发行和版权服务；(3) 广播、电视、电影服务；(4) 文化艺术服务；(5) 网络文化服务；(6) 文化休闲娱乐服务；(7) 其他文化服务；(8) 文化用品、设备及相关文化产品的服务。

出版发行书刊和报纸是最早的，也是最古老的文化事业，是文化传播的载体，直到现在仍然是传播文化的重要途径。

人类的衣、食、住、行得到改善的同时，也会有对文化娱乐的更高需求，成为人类创新的动力。

一、创新为精神文化生活提供了更新颖的载体

1. 留声机

留声机被称为爱迪生最伟大的发明之一（见图16）。声音储存在圆形唱片平面上，平面上的圆形刻槽内刻着高低痕迹，随声音起伏而变化。唱片置于留声机的转台上，开启留声机，圆形唱片旋转，唱针放在唱片上刻槽内，唱针沿刻槽划过，唱针随刻槽内高低起伏而震动，唱针尾部的薄膜随之震动发出声音。留声机是一种原始放音装置，留声机唱片能较简易地大量复制。

1878年，英国皇家学会举办了留声机展览。法国政府为这项发明颁发了奖金。美国总统在白宫接见了爱迪生。

图16 老式留声机

19世纪30年代，林语堂在《说避暑之益》一文中，描述留声机可以让人们“听到一年到头所有听惯的乐调”。

林语堂喜欢收集留声机唱片，收藏有卡罗索、莉莉邦丝、贝多芬、莫扎特、肖邦等人的古典乐曲唱片，《渔光曲》《可怜的秋香》《妹妹我爱你》等流行音乐唱片他也收藏，还有好友刘半农作词、赵元任作曲的《教我如何不想她》等唱片。

当时在中国，唱片公司灌制了大量的戏曲唱片，如京剧，还有电影明星的歌曲。留声机和唱片是很多有钱人家的高档娱乐消费品。

进入20世纪60年代后，随着录音带和CD的大量普及，留声机和唱片慢慢地退出了历史舞台，然而留声机和唱片作为文化传媒的载体，作出了不可磨灭的贡献。

2. 录音机

录音机是将声音储存在磁性介质上，利用剩磁录音。早期，声音是录制在钢丝上的。1888年，美国人史密斯发表论文，阐明了录音机的理论。1898年丹麦人波尔森发明了钢丝录音机。直到1930年才出现了钢丝录音机商品，钢丝录音机很快被磁带录音机替代。

1935年，德国通用电气公司制成磁带录音机。盘式磁带录音机应用了一个多世纪，直到盒式磁带录音机出现（见图17）。

1963年，荷兰飞利浦公司发明了盒式磁带，从此盒式磁带录音机很快在家庭中得到普及。

图17 盘式磁带录音机

经过多年的发展，磁带录音机出现了多种种类，按使用磁带的形式分为盘式录音机、盒式磁带收录音机（见图18）、卡式录音机，还有立体声录音机、单放机、跟读机、多用机等。20世纪六七十年代，很多时髦的年青人，拎着录音机边逛街边听音乐。后来出现了小巧的新式迷你录音机（见图19），现在则有了更加便于携带的录音笔。

图18 盒式磁带收录音机

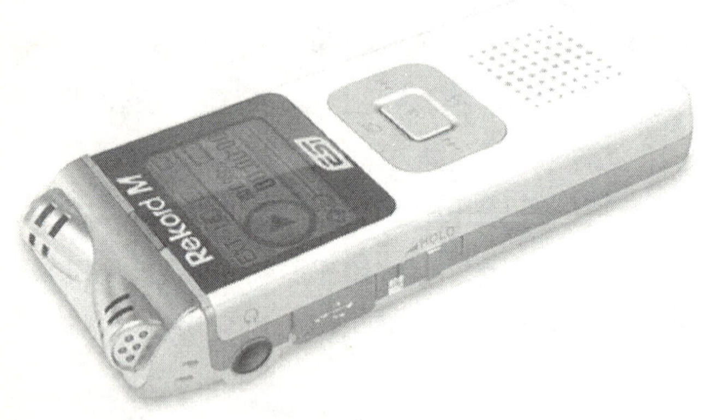

图19 迷你录音机

二、创新使人类世界出现了前所未有的新艺术形式

1872年的一天，在美国加利福尼亚州一个酒店里，两个美国人发生了激烈的争执，争论的问题是马奔跑时四个蹄子是否都着地?

方认为奔跑的马在跃起的瞬间四蹄是腾空的，另一位却认为，马奔跑时始终有一蹄着地。他们请来一位驯马师来做裁决，单凭人的眼睛确实难以看清快速奔跑的马蹄是如何运动的，这位驯马师也难以断定谁是谁非。驯马师的好友迈布里奇是一位英国摄影师，表示可用照相机拍下来看。摄影师在跑道的一边安置了十几架照相机，在跑道的另一边打了木桩，相机镜头都对准跑道；每根木桩上都系上一根细绳，这些细绳横穿跑道，分别系到对面每架照相机的快门上。驯马师牵来了一匹骏马，让马从跑道一端飞奔到另一端。当跑

马经过这一段跑道时，依次把引线绊断，依次拉动了十几架照相机的快门，拍下了十几张照片。麦布里奇把这些照片印出来，裁判根据这组照片，终于看出马在奔跑时总有一蹄着地，不会四蹄腾空。迈布里奇按先后顺序叠起来，每相邻的两张照片动作差别很小。

有人无意识地快速翻动那些照片，结果眼前出现了一幕奇异的景象：各张照片中那些静止的马叠成一匹运动的马，它竟然“活”起来了(见图20)!

图20 奔跑的马

拿迈布里奇由此而发明了一种叫“动物实验镜”的放映机。这种放映机通过一块旋转的圆形玻璃将形象投射出去，这样就使这些影象看上去像在自然运动（见图21）。

图21 动物实验镜

1. 无声电影

迈布里奇的“动物实验镜”的放映机产品和构思，似乎启发了爱迪生开始研究电影系统。

1888年10月，爱迪生递交了一份申请，向美国专利及商标局宣布他准备创造一个新机器，而这个机器的目的是“为了眼睛”，就像留声机的目的是“为了耳朵”一样。他明确地表示，这个设备能为人们提供视觉上的享受：“我们可以观看并且聆听一个完整的歌剧，完美得就像现场演奏一样。”

1889年3月，他的第二份申请也通过了，提议将播放电影的设备命名为Kinetoscope（活动电影放映机）。

爱迪生任命他最有才华的员工迪克森负责将活动电影放映机研制出来。

电影放映机研制进展缓慢，原因是圆筒上使用的溴化银感光乳剂显影效果很差。1889年，实验室开始采用感光赛璐珞片，这种材料可以裹在圆筒上。为活动电影放映机制作的首部影片，也是美国的第一部电影，就在那时诞生了，片名为《恶作剧第一部》，用幽默的方式展现了一个实验室的员工身体是如何灵活。

法国科学家和摄影学家艾蒂安-朱尔·马雷，设计了摄影枪。这是一种可移动的能连续摄影的设备，一秒能拍12张连续的照片。

第一个打孔图像设备是光学影戏机，法国发明家雷诺于1888年申请了专利。

德国发明家奥塔马尔·安许茨设计了电动快速视镜。它的关键革新在于应用了视觉暂留原理，通过一个间歇的光源使每一幅图像暂时“停留”，以达到使观看者保存许多不同图片的详细信息的目的，这样就可以有效地产生持续活动的假象。

受上述几项发明的启发，爱迪生申请了另一项专利，描述了一种新的活动电影放映机，使用移动的照相胶片，并且胶片的边上打孔，可以与齿轮匹配，这样机械设备的运行就更平滑和可靠。

1893年5月9日在布鲁克林艺术和科学学院，首次展出了完整的活动电影放映机（见图22）。第一部公开放映的电影名为Blacksmith Scene（《铁匠铺》），由迪克森导演，海斯摄影。这部电影在爱迪生新的电影制片厂——布莱克·玛丽亚制片厂制作。

图22 西洋镜——活动电影放映机

后来，布莱克·玛丽亚制片厂又制作了一部新的、时长25秒的“电影”——《弗雷德·奥特》（*Fred Ott's Sneeze*）。虽然这部电影并不是为博览会而拍摄的，但它是爱迪生最著名的电影之一，也是经过鉴定的美国第一部获得著作权的电影。

1894年4月14日，纽约27街百老汇第一个霍兰兄弟商业电影院举办了一场公开的活动电影放映机的商业放映。展示地点一共放置了10台机器，分成两排，每排5台，播放不同的电影。观看者只需要支付25美分就可以观看一排5部电影，半美元则可以观看所有10部电影。这批机器购自新的活动电影放映机公司，公司和爱迪生签订了合同，购买他们的电影。这10部电影组成了最初的商业电影，都是由布莱克·玛丽亚制片厂拍摄的。这批电影名为《理发店》《杂技运动员》《铁匠》《公鸡》《高地舞》《蹄铁》《健美先生》《秋千》和《格斗》。

活动电影放映机获得了成功，霍兰兄弟在芝加哥和旧金山也举办了类似的活动。企业家们很快在全美开设活动电影放映机的固定放映点和临时放映活动。新的电影也不断加入，以便放映机运作。爱迪生向放映公司和其他经销商一台机器收取250美金的费用，每一部电影则收费10美金。在活动电影放映机商品化最初的一年里，机器、影片和其他辅助物品为爱迪生公司创造了超过8万多美金的利润。

活动电影放映机展览公司，是加入这个领域的新公司，公司试图将活动电影放映机和职业拳击的受欢迎性结合起来（见图23）。

图23 1894年拍摄的里奥纳多—库欣对抗的两幅图像

但是当时只能拍摄50英尺长的底片，影片的长度不够，放映时间不能达到拳击比赛所需要的满意长度。即使采用最低的速度，并且每秒16帧，也不能从视觉效果上体现出该运动的乐趣。

这导致了电影在长度和放映速度的发展。1894年6月14日，那时最长的电影开始拍摄。一场小型的比赛在布莱克·玛丽亚制片厂举行，比赛双方是拳击手迈克尔·里奥纳多和杰克·库欣，750英尺甚至更多的图像以每秒30帧的速度被拍摄下来。

此后，活动电影放映机展览公司计划拍摄一系列后续的拳击比赛。他们与著名的重量级选手詹姆斯·J·科比特签订了合同，规定他不能接受其他公司的电影拍摄——这也是第一份影星的合同。

在电影商业演出3个月后，出现了第一例电影的审查制度的记录，涉及的电影展现了西班牙舞蹈演员卡门西塔的表演。卡门西塔是19世纪90年代初纽约音乐厅的明星。电影在新泽西的度假小镇阿斯伯里帕克放映。小镇的创建者布拉德利是一个卫理宗团体的主要领导人，刚被选举为州参议员。参议员布拉德利在瞥见卡门西塔的脚踝和饰带后很震惊，向市长控诉。影院老板也因此被勒令撤下这部“恶心”的电影，而用其他电影取代。于是这部电影成为第一部遭遇审查的电影。

1903年，鲍特制作了《一个美国消防员的生活》和《火车大劫案》两部电影。这两部影片中使用了剪辑技巧。鲍特首创用交叉剪辑手法造成戏剧效果，使电影从一种新奇的玩艺儿发展为一门艺术。

19世纪末20世纪初，美国的城市中下层居民迅速增多，电影是适应城市平民需要的一种大众娱乐。它起先在歌舞游乐场内，随后进入小剧场，在剧目演出之后放映。1905年在匹兹堡出现的镍币影院，很快遍及美国所有城镇，到1910年，每周的电影观众多达3600万人次。当时影片都是单本一部的，产量每月400部，主要制片基地在纽约，如爱迪生公司、比沃格拉夫公司和维太格拉夫公司。

电影收益高，竞争激烈。为争夺专利权，由爱迪生控制的电影专利公司成立，公司拥有16项专利权。到1910年，电影专利公司垄断了美国电影的制作、发行和放映。

很多独立制片商为摆脱专利公司的垄断控制，到远离纽约和芝加哥的洛杉矶郊外小镇好莱坞去拍片。那里自然条件得天独厚，又临近墨西哥边境，一旦专利公司提出诉讼便可逃离。随着拍片重心逐渐移向好莱坞，电影专利公司的垄断权势逐渐消失，终于在1915年正式解体。

第一次世界大战破坏了欧洲各国的电影业，使美国电影源源不断地输入到欧洲市场，从而建立起美国电影在世界上的霸权地位。

好莱坞培养了许多名演员，卓别林于1914年拍摄了第一部影片《谋生》，吸引了全世界观众。1919年，卓别林、范朋克、壁克馥等著名演员和格里菲斯一道创办了联美公司。

美国影片生产的结构从以导演为中心逐步转化为以制片人为中心，各大影片制作公司均拥有一批明星。

后来，由于某些明星行为不检，遭到了公众的抨击，于是美国电影业在海斯的主持下成立了“美国制片人与发行人协会”，制定出一部“伦理法典”，在审查影片时剔除其中不合乎美国公众道德观念和生活方式的情节、对话和场面。这就是著名的海斯法典。

20年代，美国无声电影主要表演喜剧片、西部片和历史片三个方面。喜剧片的佳作首推卓别林的《寻子遇仙记》《淘金记》和《马戏团》等，西部片主要有《篷车》《铁骑》

和《小马快邮》等，历史片有《十诫》《万王之王》和《暴风雨中的孤儿们》等。20世纪20年代末期，电影在音响方面进行了一次革命，产生了有声电影。

2. 有声电影

有声活动电影机（Kinetophone）是爱迪生和迪克森为有声电影系统而制作的早期试验品（见图24）。

图24 1895年的有声活动电影机

1893年7月，带有留声机的活动电影放映机出现在芝加哥世界博览会上。第一部已知的有声活动电影机的测试电影是于1894年年底或1895年年初在爱迪生新泽西工作室拍摄的、现被称作《迪克森试验有声电影》。这也是唯一一部保存下来的带有声音的为有声活动电影机摄制的影片。这个产品，没有技术创新，只是在原活动电影放映机的柜子里加一个会发声的留声机而已。原来的活动电影放映机可以购买新的配件来升级原有产品。

有声电影放映机并没有达到声音和放映内容同步。观看者通过管子连到柜子里的留声机，里面播放着大致合适的音乐或其他声音。他们并不同步，只是刚好在播放画面的时候开启声音，在停止播放时关闭。尽管有现场的录音，但为有声电影放映机而制作的电影是以无声的方式拍摄的，放映者可以在各种音乐唱片中选择节奏匹配的音乐。很多人开始认识到电影放映机才是电影下一步追求的方向。

3. 电影放映机

在法国有两位卢米埃兄弟，他们将照片映射在布幕上，观众可同时观看，放映电影就此展开序幕。

卢米埃兄弟的电影放映机，用灯光将画面投射到银幕上。比起“西洋镜”的“小孔窥看”，“电影院”屏幕的视野显然更大。

1895年12月25日，卢米埃兄弟在巴黎首次公演了《工厂大门》《火车进站》《水浇园丁》（见图25）等十几部50秒的短片。这一天被全世界公认为现代电影的诞生日。

图25 1895年卢米埃兄弟的《水浇园丁》制作了世界第一张电影海报

1900年巴黎世博会上，卢米埃兄弟在30米宽、20米高的巨型屏幕上放映电影，成为世博会的亮点（见图26）。

图26 1900年巴黎世博会卢米埃兄弟在巨型银幕上放映电影

随着多年的发展，到了20世纪初，电影和放映机技术逐步完善。工程师用输片齿轮和卷轴来装配放映机，使得胶片在光源前的快速移动更加稳定可靠，电影的长度也由几分钟增加到一个多小时，内容变得更加丰富和完整了（见图27）。

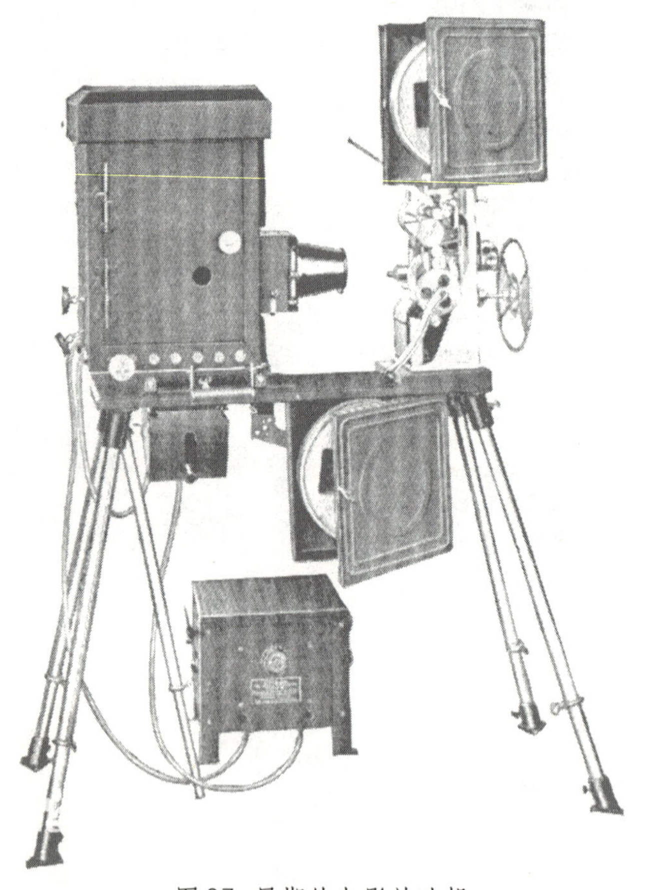

图27 早期的电影放映机

有声电影有腊盘发声和片上发声两种技术。腊盘发声是将声音刻录在唱盘上，放映时与影片同步播放，为电影配音；这也是世界上有声电影最初时采用的方法。片上发声是现在普遍应用的在胶片上录制声音的技术，电影胶片边上有一条录制好声音的声道，光电管利用胶片的明暗检出声音，使影像和声音完全同步。

20世纪20年代末，常去看电影的人就已经可以欣赏到具有声道的有声电影了。

1926年在美国，华纳兄弟影业公司拍摄了用唱片来配唱的，由克罗斯兰导演的，由巴里摩尔主演的歌剧片《唐璜》。

1927年10月6日又首映了由克罗斯兰导演，乔生主演的有歌唱、对白、声响的《爵士歌手》，这是世界上第一部有声故事片（见图28）。

图28 有声电影《爵士歌手》

这部电影就是采用腊盘发声技术制作的电影。

1928年华纳公司又推出了百分之百的有声片《纽约之光》，自此以后，有声电影很快全面推广。到1930年，全部故事片几乎都是有声电影片，大众喜爱的卓别林继续拍摄了几部无声片后也于1931年拍摄了他的第一部有声片《城市之光》。

在导演中间最先适应有声片制作，并拍摄出富于创造性影片的有：1929年马莫里安的《喝彩》、1930年迈尔斯东的《西线无战事》等。

好莱坞的制片公司是1912年开始相继建立的。有五家较大的影片公司：1914年组建的派拉蒙、1915年组建的20世纪福斯、1924年合成的米高梅、1923年的华纳兄弟和1928年的雷电华；三家较小的公司是环球、哥伦比亚和联美。

1931年3月，由上海的明星公司拍摄的第一部蜡盘发音的有声故事片《歌女红牡丹》在新光大戏院公开上映，中国第一部有声电影由此诞生（见图29）。

由于成本和技术水平的原因，《歌女红牡丹》采用的是成本低廉、制作简单的腊盘发声方法，因而，它实际上应该称作是中国第一部“腊盘发声”的有声电影片。

《歌女红牡丹》由洪深编剧，张石川导演，胡蝶等主演。影片描写女歌手红牡丹结婚之后，不仅备受凌辱，艺术生涯也走向衰落。但当丈夫卖掉女儿，又因失手杀人入狱后，红牡丹却忍辱负重，恪尽妇道，努力拯救自己的丈夫。

图29 中国第一部有声电影《歌女红牡丹》

影片描述了戏曲艺人的生活悲欢，也揭露了封建礼教对妇女身心的迫害。

除了对白之外，片中利用“腊盘发声”的特点插入了由梅兰芳唱《穆柯寨》《玉堂春》《四郎探母》等几段京剧片段，增加了影片的轰动效应。影片于1930年中开拍，至年底拍完，1931年1月在明星大戏院试映，3月15日于新光大戏院正式公映。影片公映时盛况空前，并在全国各大城市引起了轰动。

其实《歌女红牡丹》只是一部“半有声片”，影片中的人说话或唱戏时有声，其他事物则都是静悄悄的，没有背景音响效果。这也是初期有声电影的状况。《歌女红牡丹》是影片拍完后让演员看着画面对口型配音，相当于我们今天的后期配音。

同时开拍的另一部有声电影片是“友联”公司摄制的《虞美人》。它同样采用腊盘发声技术，描写了一对儿戏剧演员演出《霸王别姬》一剧的幕前幕后。《虞美人》则是先把声音录好唱片，然后演员在现场按照放出来的声音表演，这也是只有戏曲片、歌舞片能采用方法。

腊盘发声的有声片在技术上存在明显的不足。影像拍摄在胶片上，声音录制在腊盘上，剧情就难以和声音相吻合。断片时，会出现银幕上的人张口不动，扩音器里却传出阵阵歌声的尴尬情形。因而，一些电影公司也开始试制“片上发声”的有声片。

我国第一部片上发音的有声片《雨过天晴》于1931年6月3日在虹口大戏院试映。由于该片租用的是日本的设备，并赴日本拍摄，不久后即遭到观众的抵制。

1933年，亨生影片公司用自己研制的录音设备拍摄了《春潮》一片，成为中国第一部用国产录音设备制作的片上发声的有声电影。

第一部彩色电影出现于20世纪30年代，20世纪40到50年代又出现了一些新的处理方法，同时银幕格式也得到了发展。

用于拍摄电影的胶片是用赛璐珞制成的，赛璐珞是塑料制品。1868年，在美国的阿尔邦尼有一位印刷工人叫约翰·海厄特，他同时也是一位台球爱好者。那时的台球是用昂贵的象牙做的，显得很高雅。随着非洲大象不断减少，美国用来制作台球的原料也渐渐匮乏。于是，约翰·海厄特决定发明出一种能够代替象牙制作台球的材料。

一天，他发现做火药的原料硝化纤维在酒精中溶解后，再将其涂在物体上，干燥后能形成透明而结实的膜。他就想把这种膜凝结起来做成球，但在试验时一次又一次地失败了。他并不灰心，仍然一如既往地进行探索，终于在1869年有了新的发现，当在硝化纤维中加进樟脑时，硝化纤维竟变成了一种柔韧性相当好的又硬又不脆的材料，在热压下可成为各种形状的制品，当真可以用来做台球。他将它命名为“赛璐珞”，也就是云石膜。

1872年，约翰·海厄特在美国纽瓦克建立了一个生产赛璐珞的工厂，除用来生产台球外，还用来做马车和汽车的风挡及电影胶片（见图30），从此开创了塑料工业的先河。

图30 电影胶片

三、创新改进了人类世界传递信息的手段

1.收音机和广播

德国物理学家海因里希·鲁道夫·赫兹于1888年首先证实了电磁波的存在，并对电磁学作出了很大的贡献。为了纪念他，频率的国际单位以他的名字命名。

意大利的马可尼在1896年第一次用电磁波传递信息。1901年，马可尼又成功地将信号送到大西洋彼岸的美国。

19世纪末20世纪初，随着电子管的发明和应用，一些国家的工程师利用无线电波传送声音的实验相继成功（见图31）。

图31 早期电台实验室

2. 电台

1920年11月20日，美国第一家广播电台KDKA开始播音。这是美国第一家正式申请注册并取得营业执照的广播电台，也被公认为是世界上第一家广播电台。

为了推销收音机，一家百货公司在《太阳报》上刊登了一条广告，广告上说将利用无线电在空中转播一场音乐会，只要购买该公司的一台收音机就可以收听到。

这则广告引起了西屋电器公司副总经理戴维斯的注意。

他想，如果对社会大众定期供给广播节目，一定可以大规模地促进收音机的销售，也可以通过空中转播广告赢利。于是他就向美国商务部申请开办了第一家商业广播电台——KDKA。

戴维斯选择在1920年11月20日，总统大选日那天，KDKA电台正式开播。它的第一条报道就是哈定击败考克斯当选美国总统的新闻（见图32）。

图32 1920年11月20日美国匹兹堡KDKA电台正式开播

这种便捷获取新闻的方式让美国人异常兴奋，广播电台很快就走进了人们的生活。到1922年，美国的广播电台已发展到500家。

1922年，设在法国巴黎埃菲尔铁塔的无线电台正式播音。年底，英国广播公司（BBC）也在伦敦正式开播。

KDKA开播后，每晚8点开始播音，内容包括当地新闻、艺人表演、故事朗读等。它还开创了体育比赛和舞台演出实况报道的先河。在一段时间后，这家电台才有了专职播音员——哈罗德·哈林。哈林悦耳的嗓音吸引了许多女听众。广播是人类声音器官的延伸，声响特征是广播媒介的首要特征。声响还能配合各种气氛。早晨，人们也许乐意听点新闻、流行音乐或有趣的闲聊；下午，人们也许又想放松自己，听听古典音乐或轻松的音乐；临睡前，孩子们可以听听睡前故事等。两年时间，美国有了500家电台和约150万台收音机，每一个大城市都有了电台。

在无线广播的早期阶段，很多电台频率相重合，电台之间签订协议，各台错开播出时间。也有些电台用更强的信号压倒对手。这种混乱状况，对刚刚起步的无线广播事业的发展极为不利。到1927年，政府设立了联邦无线电委员会，这种状况才告结束。联邦无线电委员会整顿了电台广播秩序。

第二次世界大战期间是广播发展的黄金时期，因为广播的及时性，人们每天可以通过广播了解新闻和前线的战事。例如：1941年12月7日，美国哥伦比亚广播公司突然中断了橄榄球比赛的实况转播，日本偷袭珍珠港的消息从天而降；1944年6月6日，盟军部队在诺曼底登陆，转入战略反攻的消息就是通过广播网最早向世界报道的。第二次世界大战期间利用率最高的大众媒介就是广播，占总利用率的67%。

在中国，1922年年底，美国人E.G.奥斯邦把一套无线电广播发送设备由美国运到上海，在上海成立了中国无线电公司并开办了我国境内的第一座广播电台。随后，几家外商开办的广播电台相继开播。1926年10月，中国人自办的第一座广播电台——哈尔滨广播无线电台开播。1940年12月30日，中国共产党领导的延安新华广播电台开始播音，拉开了人民广播的序幕，1949年12月5日，改称中央人民广播电台。

3. 收音机

20世纪初，美国人邓伍迪和皮卡尔德发现方铅矿石具有检波作用，进而发明和制作了世界上第一台矿石收音机。矿石收音机不用电，不需要电池（见图33）。

1927年3月18日，上海新新公司为推销自制的矿石收音机，开办了一个非常简陋的广播电台——这是中国第一个民办广播电台。

1920年美国匹兹堡KDKA电台作为世界上第一家商业电台面向民众正式开播之后，电子管收音机受到了民众的喜爱和欢迎（见图34）。在当时，美国任何一家电器商店门前，都有顾客在为买电子管收音机而排队。

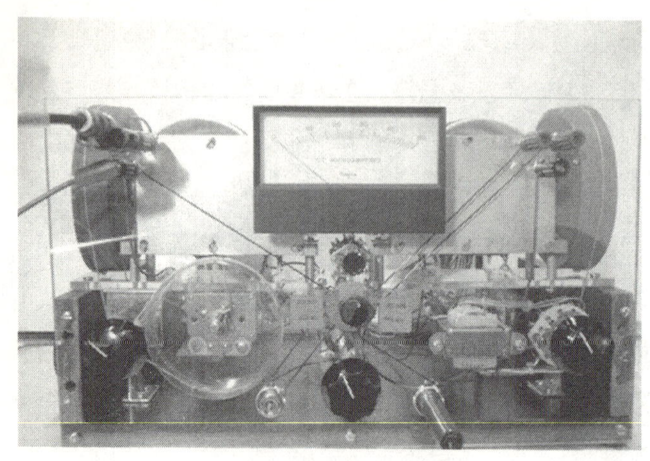

图33 博物馆的矿石收音机

图34 早期电子管收音机

随着科技的进步，后来又出现了晶体管收音机。因为晶体管收音机使用晶体管代替了电子管，因而比电子管收音机更小巧，更受到人们的欢迎（见图35）。

图35 晶体管便携收音机

广播是人类在社会实践中日益增长的对信息的需求与现代科学技术相结合的产物。广播和报纸有很多相同的地方，广播的特点是及时性。在中国，20世纪30年代到70年代，收音机从高档消费品逐渐成为千家万户的必需品，三转一响（手表、自行车、缝纫机、收音机）成了那个年代家庭追求的目标。

四、创新让人们有了更广阔的视野

电影是把景物整幅拍在胶片上，然后用光源把胶片上的景象整幅投到屏幕上。电视技术与电影不同，它是把景象分解成一点一点的像素，像素转变成电信号，通过电信号传送到电视接收机，电视接收机把一点一点地将电信号还原成像素，显示在屏幕上。

俄裔德国科学家保罗·高特列本·尼普可夫，早在1884年就提出并申请了世界上第一个机械式电视系统的专利，当时他只有23岁，还在德国读大学。是尼普可夫发现，把影像分成单个像点，就可以把人或景物的影像传送到远方。尼普可夫的专利中的圆盘，也是世界上第一个电视图像光栅装置，被称为尼普可夫圆盘。

1897年，德国物理学家布劳恩发明了一种带荧光屏的阴极射线管。当电子束撞击时，荧光屏上会发出亮光，阴极射线管可做电视的显示器。

1900年康斯坦丁·波斯基，在向巴黎世博会提交的一篇论文中造出了television（电视机）一词。波斯基的论文提到了尼普科夫的电视图像光栅装置，评估了机电技术在当时的状况。1906年，德国物理学家布劳恩的两位助手用这种阴极射线管制造了一台画面接收机，需要10分钟时间传送信号，进行图像重现。这种装置重现的是静止画面，是传真系统而不是电视系统。

当时，很多国家的科学家、工程师，都在研究电视技术，最早研制出的是机械式电视。

1. 机械式电视

1923年，苏格兰发明家约翰·洛吉·贝尔德想到：马可尼能够远距离发射和接收无线电波，那么发射图像也应该是可能的。贝尔德决心要完成用电子信号传送图像，他在“尼普科夫圆盘”的基础上进行了新的研究工作（见图36）。为了发明机械扫描式电视摄像机和接收机，他变卖了家产，收集了大量资料，把所有时间都投入到研制机械式电视上，并最终完成了电视机的设计工作。贝尔德成功用电信号在屏幕上显示图像，当时画面分辨率仅30行线，扫描器每秒只能5次扫过扫描区，画面本身仅2英寸高，1英寸宽。

贝尔德是个执着的人。为了得到清晰的图像，他加大电

图36 贝尔德开发他的机械式电视技术

流电压到2000伏，自己却不小心碰到了连接线，差点触电身亡。伦敦《每日快报》用“发明家触电倒地”的大标题报道了他触电的新闻，也介绍了他不懈努力研究的情况。

新闻报道使处于经费困难的贝尔德的生活出现转机，几天后，一群穿着晚礼服的男女宾客聚集在位于伦敦市中心一座顶楼的贝尔德的实验室。大约有40位科学家和几位女士到场，他们中的大多数都是非常有名的科学家。他们需要爬三层楼梯，然后被分成6人一组，进入贝尔德在顶楼的两个小实验室。在其中的一间实验室内，有一个大大的“飞碟”在旋转，看上去非常危险，随时都可能爆炸。如果爆炸的话，玻璃碎片就会像玻璃雨一样满屋子飞。当然，当时并没有发生爆炸，一切都进行得非常顺利。

这场在英国皇家学院科学家们面前展示的、新型的、能够通过无线电传递活动图像的机器，贝尔德称之为“电视”（见图37）。20世纪最具影响的大众传播媒介就这样诞生了。

1934年英国政府决定建立电视服务，这是世界上最早的电视服务。

图37 贝尔德发明的第一架电视机，现被陈列在英国南肯辛顿科学博物馆中

1936年，英国BBC公司开始利用贝尔德的机械电视系统和另一家公司的电子电视系统广播节目。在图像质量的竞争中，贝尔德的机械电视系统不如电子电视系统。

贝尔德继续开发他的电视技术，1944年，他展示了第一台电子彩色电视机。两年后贝尔德病逝。

2. 电子式电视

开辟了电子电视时代的，是俄裔美国科学家弗拉基米尔·兹沃雷金。他原是俄国圣彼德堡技术研所的电气工程师，早在1912年，他就已经开始研究电子摄像技术了。1919年，兹沃雷金移居美国，后在威斯汀豪森电气公司工作。

1923年，他在西屋电气公司工作期间研制了电子摄像管。在1925年的演示过程中，图像模糊不清，对比度很低，分辨率差。这种摄像管没有通过实验阶段。美国无线电公司（RCA）为他的研究项目投资了5千万美元。1931年，兹沃雷金终于制造出摄像机显像管。同年，他做了一个完整的光电摄像管系统的实地试验，一个由240条扫描线组成的图像传送给4英里以外的一台电视机，使电视摄像与显像方式完全电子化。

萨尔诺夫是当时美国无线电公司的总经理，他是个实业家，不是科学家，但他清楚地知道，科学发明才是商业成功的关键。他敢冒风险，结交了许多大科学家，其中包括爱因斯坦。

1929年年初，弗拉基米尔·兹沃雷金前来拜访萨尔诺夫。他满怀信心地向萨尔诺夫解释了他的理论。他说他可以在两年内拿出一种可以投放市场的电子电视系统，并表示，需要萨尔诺夫提供10万美元来继续自己的研究项目。

萨尔诺夫也是俄国移民。他当即同意向佐利金提供他所需要的支持，从此两人建立了牢固的商业关系。

就在那一年，美国发生了可怕的经济萧条。大萧条时期的纽约，物价飞涨，人心惶惶，美国无线电公司的股票在一个月内猛跌到原始价的五分之一。但萨尔诺夫信守诺言，顶着巨大的财政风险，坚持保护兹沃雷金和他的研究小组。

在前进的道路上，无论遇到什么样的障碍，萨尔诺夫凭借自己的实力和魄力，都迅速把它排除掉。萨尔诺夫还同政府管理机构——美国联邦通信委员会进行了一番较量，使国家电视接收标准与美国无线电公司的设备兼容，为此他积极游说了12年之久。

1938年，也就是与萨尔诺夫第一次会面后的第9年，兹沃雷金终于兑现了自己的诺言：研制出了可投入市场的电子式电视系统。萨尔诺夫非常高兴，同时他意识到，应大规模地推出新的电子式电视系统，以吸引公众注意。为了促进宣传和销售，他选择了在1939年4月在纽约举办的世界博览会上让罗斯福总统在电视上露面，罗斯福也因此成为在电视上露面的第一位总统（见图38）。

1939年4月30日，美国无线电公司通过帝国大厦屋顶的发射机，传送了罗斯福总统在世界博览会上致开幕词和纽约市市长带领群众游行的电视节目。

1939年，大萧条的灾难刚刚淡去，战争的消息就传来，世界阴云密布。第二次世界大战终于爆发，让每个家庭都拥有电视机的梦想变成了泡影。不到1年的时间，大多数人都忘记了世界博览会和在博览会上展出的电视机。在接下来的6年里，战争压倒了一切。

图38 罗斯福在1939年纽约世博会开幕式上讲话，进行了电视转播。

美国无线电公司在获取了1923年兹沃雷金的专利应用之后，对另一电视发明者法恩斯沃斯提出了诉讼。美国专利办公室的检察官否决了1935年的决议，因为在1921年，法恩斯沃斯14岁时就已有了电视构思草图，由此确定了法恩斯沃斯的发明优先于兹沃雷金。在1939年10月，美国无线电公司输掉了法庭上诉，但是他们还是希望能更进一步生产商用电视机设备。最终美国无线电公司同意支付法恩斯沃斯一百万美元。

虽然法恩斯沃斯在1921年就已有了电视构思草图，但那毕竟不是实物。1923年，俄裔美国科学家兹沃雷金申请到光电显像管、电视发射器及电视接收器的专利，可以说是兹沃雷金首次采用全电子式电视发收系统，兹沃雷金才是现代电视技术的先驱。

与此同时，还有不少国家和科学家在研究电视技术。

1925年，电视机在英国研制成功。1928年，美国纽约31家广播电台进行了世界上第一次电视广播试验。由于显像管技术尚未完全过关，整个试验播出只持续了30分钟，收看的电视机也只有10多台。但是，此举宣告了作为社会公共事业的电视的问世，是电视发展史上划时代的事件。

1936年，英国广播公司在伦敦郊外播出了一场歌舞节目，并首次开办了每天2小时的电视广播。当时全伦敦只有200多台收视电视机，但它标志着世界电视事业的开始。1936年的柏林奥运会的电视转播是年轻的电视事业的一次亮相。当时共使用了4台摄像机拍摄比赛情况，引人注意的全都是全电子摄像机。机器体积庞大，长2.2米，被人们戏称为“电视大炮”。此后电视在英国中上层家庭开始普及。到1937年，英国广播公司播映英王乔治五世的加冕大典时，英国已有5万观众在观看电视。1939年第二次世界大战爆发前，英国约有2万家庭拥有了电视机。

第二次世界大战爆发后，电视事业的发展受到影响，处于停顿状态。而第二次世界大战的结束，为电视事业的发展揭开了新篇章。

经过不断的技术革新，电视机制造技术有了很大进步，不仅接收性能更好，而且价格也便宜了。随着战后大萧条的结束，人们的生活条件得以改善，很快，这种新式的家用电器就受到了美国公众的喜爱。1946年，全美电视机的销量是2万台，3年后，电视机的销量就达到了200万台。不到10年，73%的美国家庭有了电视机。

1953年，全世界有2亿2千多万人通过电视机收看了英国女王伊丽莎白的加冕典礼。英国广播公司为此制作的节目录像带被飞机运往大西洋彼岸。电视节目的收视率超过了无线电广播的收听率，只有声音的无线电广播显出了它的局限性。

电视机的出现在一定程度上还改变了商业模式。在过去，商人要卖掉商品，需要挨家挨户推销；随着电视机的普及，广告可以在屏幕上进入人们的视线，能够更方便快捷地展示自己的新产品。广告商家很快看到了电视的威力，将很多广告投向电视台。电视台的广告收入扶摇直上，1949年为1000多万美元，1952年就增长到3亿美元。

政治家们为了竞选，开始在电视上推销自己。1952年艾森豪威尔率先利用电视推进总统竞选活动。他的对手阿德莱·史蒂文森没有积极利用这种新媒体，这成为艾森豪威尔获得竞选胜利的原因之一。1945年，第一颗原子弹在广岛上空爆炸，全世界通过收音机听到这一消息；30年后，全世界通过彩色电视直播，观看了人类第一次登月飞行。

随着电视机销售的兴旺，与电视相关的技术也相应发展，诞生了电视节目制作艺术。电视广播是现场直播，因而出现了节目主持人这一职业。而电视连续剧的发展孕育了诸多的电视明星。收看电视的人群广泛，使电视、电影、体育、广告明星等迅速走红，培养了大批粉丝。

20世纪五六十年代，如果问一个小孩子："你长大了想干什么?"他会回答想当工程师或者医生、老师，更有雄心壮志的孩子可能会说想当科学家，也有孩子会说想开飞机、开汽车。而现在，你问小孩子同样的问题，他们会回答说想当影视明星、歌星、节目主持人、企业家……这也可以说是新媒体带来的影响之一，它大大拓宽了人们的视野。

电视作为一项伟大的发明，给人类带来了视觉革命。电视的创新发明改变了人们的生活，也影响了后代人的思维方式（见图39）。

图39 1955年英国人在家看电视

3. 录像机

1956年，金斯伯格和安德逊设计的录像机的问世使电视技术前进了一大步。

最初电视节目的制作一般采用两种方式：一种是用电视胶片把节目拍摄下来，冲印，再通过电子扫描播出。这种方法的一个最大缺陷是无法进行电视节目的实况转播。另外一种是用摄像机直接把信号传播出去。虽然这满足了那些希望目睹现场情景的观众的需要，但是它不能存储、重放。录像机的出现改变了这种状况。

美国安培公司推出了世界上第一台实用性录像机，它采用磁带作为存储载体。

1976年，JVC公司推出了第一台家用型录像机，其使用的是JVC独立开发的VHS格式。后来几经提升，缩小存储录像带的体积，演变成可在电视上播放的国内早期的“大录像带”（见图40）。

图40 大录像带

20世纪90年代初，LD碟机进入中国。LD是Laser disc的缩写，中文意思是镭射影碟、激光视盘，在国内被称为“大碟”，是广泛用于电视、电影和卡拉OK的视频光盘。1980年日本先锋公司收购了该格式的大多数版权，并在美国市场推出了首款LD播放机VP-1000，此后其就一直是LD格式的最重要支持厂商。

LD使用模拟技术把影像信号直接数字化后压制到光盘上，由于没有使用数码压缩技术，其清晰度很高，所以深受发烧友的喜爱。LD盘片跟黑胶唱片一样大，双面压制，尺寸比CD大很多，所以也称作大碟、镭射碟，制作精度相当高，价格昂贵，多为商业用途，因此没有在民众中得到普及。

CD是采用DVD压缩数码，使用光盘作为一个存储媒体，尺寸小，较为轻便，但是DVD播放机价格高，因此当时很难在中国推广普及。于是，有中国的研究者想出办法，把要录制的内容通过一定的算法，压缩后存放到CD盘中去，这就是VCD。VCD是在中国被推广起来的，外国人都用LD、CD录像机，从来不知道VCD，但VCD却在中国市场达到了一个顶峰时期，此后出现了VCD和DVD兼容机。

1995年7月，索尼公司和松下公司同时推出了首台数码（mini磁带）摄像机（见图41），这使家用产品获得了专业机器质量的潜力。家用数码摄像机的出现，使家用摄像机更新换代、录制的数据可以存入计算机中，真正实现了数字化。

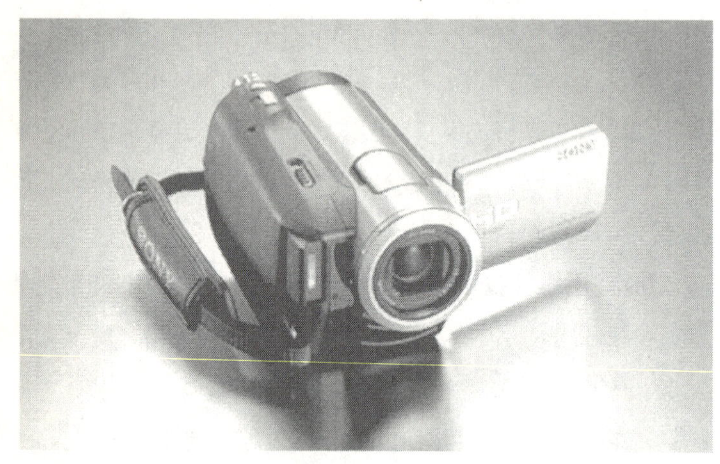

图41 索尼家用数码摄像机

4. 卫星传播

1960年8月12日，一颗用于通信的卫星被送入了太空，虽然只能用于转发无线电信号，但是卫星通信进入了人类历史。随着多颗卫星成功升入太空，进入地球轨道，卫星通信进入实用阶段。

电缆电视、卫星直播电视、多功能电视、家庭录像的发明深刻地改变了人们的生活，它们不但使人们的休闲时间得到前所未有的充实，更重要的是它加大了信息传播空度和信息量，使世界开始“变小”。而电视新闻、电视娱乐、电视广告、电视教育等相关产业的出现和发展，也从不同程度上影响了人类社会的进步。

5. 互联网

国际互联网，英文名称叫Internet，简称为“互联网”或“因特网”。它是计算机技术与通信技术相结合的产物，是一个由无数局域网络联结起来的世界性信息传输电子网络。1998年5月，联合国新闻委员会年会正式把互联网定为继报纸、广播、电视之后的第四大传播媒体。

网络传播主要是指基于互联网平台所进行的多元动态的信息传播活动，它把多种传播形态的结合在一起，设有网络中心，使信息全民参与和资源共享。互联网打破了传统的地缘政治、地缘经济、地缘文化的概念，形成了跨国界、跨文化的全新空间。网络传播具有信息丰富、速度快捷、全球视野、传播主体个人化，传播方式自由交互等特点。其中信息传播的个人化、交互性是网络传播最有吸引力的地方，电子商务、网上开店、购物及各种增值业务的飞速发展，不断为网络传播开创出新的赢利模式。

从表面上看世界互联网的发展是从1969年开始，1969—1985年是初步形成阶段。互联网起源于苏联和美国冷战时期，1969年年末美国国防高级研究项目署建成了第一个网络，取名“阿帕计算机网”，简称阿帕网。阿帕网虽然在美国本土不断扩大,但与美国之外的网络系统没有连接。欧洲的科研人员开发出联合学术网（JANET）等网络，经过一段时间的磨合，在1984年与美国阿帕网接通。

1985年，美国国家科学基金组织（NSF）采用TCP/IP协议将分布在美国各地的为科研教育服务的6个超级计算机中心互联，并支持地区网络，形成国家科学基金会网。1986年，国家科学基金网替代阿帕网成为互联网的主干网，“Internet”名称正式开始使用。1988年互联网开始对外开放，结束了仅供计算机研究人员和政府机构使用的历史。1989互联网开始商业化，一批提供上网服务的公司应运而生，由于商业元素的参与，互联网渐渐进入发展阶段。

1990年万维网(World Wide Web)开始在全世界普及。1991年6月，世界联网的计算机中商业用户首次超过了学术界用户。在这个时期，大批商业机构开始互联网络上刊登网页广告，提供各种信息；互联网的用户也不再局限于高校师生和计算机行业的工作人员，真正走入家庭。各种传统的大众传媒开始与互联网相融合，开辟了传播的新纪元。

1995年以后，个人电脑迅速普及，电子商务蓬勃发展，使互联网已发展为大规模的国际互联网络。1995年5月，多年资助互联网研究开发的美国国家科学基金会（NSF）宣布退出互联网，把网络经营权转交给美国三家最大的私营电信公司。这是互联发展史上的重大转折。网络发展从此进入了产业化运营和商业化应用阶段。

1975年美国人比尔·盖茨和保罗建立了微软公司。1981年8月12日，IBM推出应用了英特尔的x86芯片及微软公司的MS-DOS操作系统的个人电脑。1985年微软首次发布Windows操作系统。1993年，英特尔推出奔腾处理器。1995年，微软Windows 95面市，把互联网功能加入其所有产品。个人电脑的迅速普及为网络传播的大规模发展奠定了基础。

1998年，德鲁吉得知《新闻周刊》一名记者写了一篇关于克林顿与莱温斯基有暧昧关系的报道，但编辑部拒绝发布，德鲁吉立即将此报道在自己的网站上发布。美国总统克林顿与莱温斯基的绯闻立即成了全世界大大小小媒体关注的热点，德鲁吉开设的个人网站名声大振，这一事件充分展示了网络媒体的传播优势。

2003年以来，手机普及率和使用量迅速增长。作为网络媒体传播，它有很强的便携性，为互联网开辟了传播的新途径，成为无处不在的网络。

由上述例子可以看出，随着科学技术的创新和发展，文化产业的创新也随之而来。文化产业以满足人们的文化需要作为目标，人们对文化娱乐的需要，也促使科学技术创新。

因留声机的诞生而出版唱片；因电影放映机的诞生而出版各种电影片；收音机和广播满足了人们听的需求；电

视广播满足了人们看的需求；互联网满足了人们对信息的需求……各种发明催生了文化娱乐业的发展，而文化娱乐业对各类新技术的进一步要求，也促使科技的不断创新，发明更有助于提升人们物质精神生活水平的新机器。

第三章

创新思维教育

正是因为创新对于人类社会的巨大推动作用，我们才应该更加重视创新，重视创新人才的培养，积极培养创新思维。创新思维不仅能成就伟大事业，在日常普通的工作中，也能发挥作用，造就革新的行家。

一、什么样的人是创新人才

创新人才，首先要具有探索问题、发现问题的能力；其次要能从实际情况出发，提出全新的、可行的解决问题的方法。

一提人才，大家自然会想到那些高学历、高职称的人。博士、教授们如果有真才实学可以算是人才，他们具有解决问题能力，但他们不一定是创新人才。

大学、研究院所里，处在世界前沿的各学科中追赶先进水平的研究人员是人才，但他们只有超过世界先进水平，具有了全新的、可行的解决问题能力时，才是创新人才。

企事业单位里，探索问题、发现问题，提出全新的解决问题方法的人（特别注意是“全新的”方法），创造出全新产品的人，对该行业或对社会有较大影响的人，是创新人才。

1. 推进型创新人才

推进型创新人才是指，他们的发明对提高工作效率有巨大作用，对人们的生活起了巨大的改善作用的人才。如：

发明水力纺机的阿克莱特；

发明抽水马桶的约瑟夫·勃拉姆；

发明矿工灯的汉·戴维；

发明锅炉的科尔尼；

发明电冰箱、洗衣机、电风扇等家电的人；

……

2. 突破型创新人才

突破型创新人才是指，他们的发明能够开辟出新行业的人才。如：

富尔顿发明了蒸汽轮船，发展了航运业；

史蒂文逊发明了蒸汽机火车，发展了铁路交通；

本茨汽车的发明，开创了汽车工业；

莱特兄弟飞机的发明，开创了航空业；

贝尔发明的电话、莫尔斯的电报，开创了电信业；

收音机、电视机的发明，开创了广播事业；

……

3. 革命型创新人才

革命型创新人才是指，他们的发明或发现对社会具有划时代意义，有革命性影响的人才。如：

牛顿、法拉第、爱因斯坦等探索出全新的理论，为工业革命的发生提供了理论基础；

瓦特蒸汽机提供了新动力，开始了第一次工业革命；

奥托的内燃机；

戴姆勒制造成汽油为燃料的内燃机；

西门子的直流发电机；

格拉姆发明的电动机；

爱迪生建造的世界上第一个电网；

……

他们的创新开始了第二次工业革命；

互联网的应用，开创了互联网时代；

三类创新人才之间并没有明显的界限，但可以看出他们对社会的贡献和影响还是有所不同的。

二、创新人才的性格特点

创新人才之所以能实现创新，为社会作出贡献，与他们自身的性格特点、学习习惯、思维方式有关。

1. 不盲信

这是创新人才的学习习惯。他们不会不经大脑思考，而轻易认可别人所得出的结论，这就是“不盲信”。当他们经认真思考和推理并认可了他人的结论后，就会牢牢地掌握，掌握的不仅是结论还有推理方法。

古希腊的天文学家托勒密在公元2世纪总结了前人近400年的观测成果，提出“地球是宇宙中心”的学说，该学说一直被人们接受，流传了1400年。哥白尼不盲信所谓的经典、权威，钻研过托勒密的学说，找出了托勒密的错误，创立了

“日心说”。要知道，哥白尼其实并不是职业天文学家，而是一位医术高明的医生，他的“天体运行论”是在业余时间研究出来的。

2. 对一般人不会去想的事加以思考

创新人才对别人认为习以为常、不值得去想的事，会加以思考，探个究竟，这样他们就会发现与众不同的问题。他们不是凭空想象，而是根据已知的理论和实践现象去推想，从而得出新的理论和结论。

传说中，牛顿看见苹果从树上掉到地上而发现了万有引力，伽利略看见教堂吊灯摆动而发现了单摆等时性规律，瓦特看见水开时壶盖跳动而发明了蒸汽机。这些都是常人司空见惯的事情，而创新人才却善于从中发现不寻常的规律，得出全新的结论。

3. 善于动手的能力

发明创造是做前人未做过的事，没有现成的东西，他们只能靠自己动手来制作，因此搞发明创造的人一定是善于动手的人。

动手能力和发明是相辅相成的，动手的过程中努力思考问题，就会产生联想，可能产生新的想法、新的思路，也可能想到新的项目。新的项目又会促使其动手制作。如此，发明创造就能源源不断地涌现出来。

例如，莱特兄弟自己制造了世界上第一个风洞，为飞机飞上蓝天创造了研发和实验条件。

历史上伟大的科学家、发明家，都能够自己动手制造实验仪器和设备。

4. 尊重实验结果

伽利略主张利用实验—数学方法研究自然规律。

实验结果应当用来判断和验证新思路是否正确，用来决定是放弃还是继续研究。

实验结果还可能开启另一种研究领域。

5. 想象力丰富

爱因斯坦的名言："想象力比知识更重要。""逻辑会把你从A带B，想象力能带你去任何地方。"

莱特兄弟由飞蝴蝶玩具，想到飞，进而制造了滑翔机，自制了风洞，设计了高效率发动机和螺旋桨，最终成功造出了史上第一架飞机，使人类飞上了天空。

中国人不缺乏想象力，嫦娥奔月等都是具有丰富的想象力的神话传说。西方人的想象力，在各种科幻小说中体现出来。二者的不同是：科幻小说中的科学幻想是建立在现实基础上的（真正的科幻小说不同于魔幻、玄幻），未来是可能实现的。科幻小说中的想象力，可以启发人的创造力。

真正的科幻小说是以科学技术为主要因素，但现在已经较少见了，很多把武侠、神话、爱情、打斗等因素放在太空、飞船、极端环境中形成的所谓“科幻”小说没有实际意义，不能激发人的创造力。

真正的科幻小说，需要科技造诣较深，具有写作能力的科技工作者才能写出，可以启发人的想象力和创造力。西方科学家写了不少科幻小说和科普书。正如美国著名文学评论家布哈伊·哈桑所说：“科幻小说触及了人类集体梦想的神经中枢，解放出我们人类这具机器中深藏的某些幻想。”无穷无尽的伟大的想象力，能最大限度地刺激人们展开创新思维。

三、创新思维、创新人才的培养

一般来说，人的性格和习惯是在青少年时期养成的，所以培养创新人才也应该从青少年着手，甚至从幼儿教育开始。

从很多世界级创新人才的成长经历可以看出，他们小时候的想法、兴趣、爱好一般会受到家长的鼓励和支持，很少受到干预。他们处于一种自由成长的环境中，这就养成了他们探索未来、独立思考、自由想象、勇于实践的性格特点。

对幼儿时期的儿童，家长不要提供给他们过多的玩具。应让孩子的注意力集中在常玩的一两件玩具上，这样有助于提高他们的观察力和专注力。

当孩子能拿笔画画时，给他们一两本画册，由家长教他们简单的图画，鼓励他们画看到的房屋、天空、云彩、花鸟鱼虫、飞机、汽车等，孩子想画什么就让他（她）画什么，这有助于提升孩子的想象力；鼓励孩子自己动手做一些小玩具，或者动手搭积木、做手工等，这些都有利于提高孩子的观察力和动手能力。千万不要用一些条条框框去限制、束缚他们。

要常带孩子一起看绘本或短篇的故事书，让他们反复听、看、读，引导他们注意到书上的一些小细节并理解其含义，从而让孩子养成精读的习惯，锻炼读书时抓住要领的能力。这也是自学能力的早期培养。

要注意在穿衣、吃饭、洗手等日常生活中，培养孩子耐心细致、认真做事的习惯。我们常常听家长们对小孩喊："功课，你做了吗？"或问："功课，你做好了吗？"又或是："手洗了吗？"和"手洗好了吗？"一个"好"字之差，就有完成任务认不认真的区别。

青少年时期，孩子们开始进入初中、高中。这是孩子们性格形成和定型的阶段，也是人生受教育的关键阶段。他们的兴趣、爱好、特长各不相同，家长和老师们要善于引导和鼓励，鼓励他们参加各式各样的文化、体育、科技等活动，让他们自我选择、自我发展、自我认识，引导他们独立思考。

如果孩子主动去看、去学一些超前的学科，去读一些高年级的书，不要去阻止，不要指责他们"好高骛远"，也不要过分鼓励，有意引导，而是让他们自己选择发展道路。

教育要根据青少年的兴趣、爱好、特长、能力，因材施教，因人而异。这是创新人才的培养过程，也是独立思考、创新思维的培养过程。

创新人才需要这样的培养过程，普普通通的青少年也需要这样的培养过程，谁会知道，哪位小时候平平无奇的孩子，将来长大后会成为举世瞩目的天才呢？

举几个例子供大家参考，看看大科学家、发明家是怎样长成的。

牛顿

1643年，牛顿出生在英格兰林乡下的小庄园里。由于早产，幼儿期的牛顿十分瘦小，并被托付给外祖母养大。1648年，牛顿被送去读书。少年时的牛顿不是神童，学习成绩一般，看不出是个才能出众、异于常人的儿童。但他喜欢读书，喜欢看一些有关简单机械模型制作的读物，喜欢自己动手制作奇奇怪怪的小玩意，如风车、木钟等。传说他造过一架磨坊的模型，将老鼠绑在轮子的推竿上，前面放 粒玉米，老鼠看得见吃不到。老鼠想吃玉米，就不停地跑，于是轮子就不停地转动。

1654年，牛顿来到离家有十几公里的中学读书，寄宿在一位药剂师家里。在此他受到了化学试验的熏陶。

牛顿的母亲原希望他成为一个农民，但牛顿酷爱读书，喜欢沉思，热衷于做科学小实验。他在中学读书时学习成绩很出众，对自然现象有强烈的好奇心，例如颜色、日影四季的移动等。他热爱学习，尤其是几何学、哥白尼的“日心说”等。他还分门别类地记读书笔记，又喜欢别出心裁地做些小工具、小发明、小试验。

后来迫于生活压力，牛顿听从母亲的安排，停学务农，赡养家庭。但牛顿一有机会便埋首书卷，以至经常忘了干活。每次，母亲叫他同佣人一道去市场学习怎么做生意时，他总是求陪同他的佣人自己去市场，而自己则躲在树丛后看书。有一次，牛顿的舅父知道了，就跟踪牛顿，发现牛顿躺在草地上，正在聚精会神地钻研一个数学问题。牛顿的好学精神感动了舅父，于是舅父劝说牛顿的母亲让牛顿复学，并鼓励牛顿上大学读书。就这样，牛顿又重新回到了学校。

牛顿的好学、钻研精神、喜欢动手实践的特点，最终使他成长为世界上最有影响力的科学家。

瓦特

瓦特于1736年1月19日出生于苏格兰克莱德河湾上的一个港口小镇。瓦特的父亲是熟练的造船工人，瓦特的母亲出生于一个贵族家庭并受过良好的教育。瓦特小时候因为身体较弱，去学校的时间不多，主要由母亲在家里教他念书。瓦特从小就表现出了很高的动手能力以及数学上的天分。

瓦特17岁的时候，母亲去世了，而父亲的生意开始走下坡路。瓦特于是到伦敦的一家仪表修理厂了做了一年的学徒。

1757年，瓦特21岁的时候，格拉斯哥大学的教授提供给瓦特一个机会，让他在大学里开设了一间小修理店。而格拉斯哥大学的一位教授，物理学家与化学家约瑟夫·布莱克更是成了瓦特的朋友与导师。

瓦特心思细腻，做事动作不紧不慢，他的想象力丰富，遇到问题，总是能想到不同寻常的解决办法。当时家家户户都生火烧水，对这种司空见惯的事,谁会去留心呢？而瓦特就对别人不去注意的事留了心。他发现开水在沸腾的时候，壶盖会“啪啪、啪啪”作响,壶盖会不停地往上跳动。这一现象引起了他的强烈兴趣，连续几天,瓦特都蹲在火炉边仔细地观察。起初，壶盖很安稳，隔了一会儿，水要开了，壶盖就发出嗤嗤的响声，壶里的水蒸气冒出来，推动壶盖开始跳动。蒸气不住地往上冒，壶盖也不停地跳动着。瓦特把壶盖揭开盖上，盖上又揭开，反复验证。他还把杯子、调羹放在水蒸气喷出的地方。瓦特终于弄清楚了，是水蒸气推动壶盖跳动，这水蒸气的力量还真不小呢。根据水蒸气推动壶盖跳动的物理现象，瓦特发明了蒸汽机。

瓦特没有上过太多学，但动手能力很强，而且从小就养成了细致观察的习惯，有好奇心，会对一般人不注意的事注意思考，探索结果。正是他从小形成的这种习惯和性格，使他成为引领第一次工业革命的大发明家。

爱迪生

1847年，爱迪生出生于美国中西部的一个小市镇。爱迪生的父亲是荷兰人的后裔，母亲曾当过小学教师，是苏格兰人的后裔。爱迪生7岁时，父亲经营屋瓦生意亏本，将全家搬到格拉蒂奥特堡定居下来。搬到这里不久，爱迪生就患了猩红热，病了很长时间。人们认为这种疾病是造成他耳聋的原因，也有人说他在赶火车时，列车员拎着他耳朵上车而使他耳聋的。爱迪生8岁上学，仅仅读了三个月的书，就被老师认定是“低能儿”而撵出校门。从此以后，他的母亲成了他的家庭教师，自己教儿子读书识字，并教育他要诚实、爱祖国、爱人类。由于母亲的良好的教育方法，爱迪生对读书产生了浓厚的兴趣。他不仅博览群书，而且一目十行，过目成诵。母亲任由他去自学。在她的鼓励下，爱迪生如饥似渴地读书。在他9岁那年，有一天，母亲给了他一本科学方面的书，这是他第一次看这种书。书名叫《自然哲学的学校》，它让读者们在家里做一些简单的实验。从那时候起，爱迪生的生活就起了变化，他买来化学制品，四处搜寻电线之类的边角料，把卧室里当成实验室，动手做起了书里的实验。

小时候的爱迪生，对任何事都很好奇，常常问一些奇怪的问题，让人觉得很烦，但爱迪生的妈妈却认真地对待，认真细心地回答孩子的每一个问题。这对培养他的想象能力、思维能力有很大帮助，使他强烈的求知欲望和好奇心不至于泯灭，从小就能养成了勤于思考、勇于探索的习惯。

小时候的爱迪生就喜欢独立思考，不盲信大人的话。他经常向大人提问，如果对大人的答复感到不满，就会亲自去实验，看结果是怎样的。例如有一次爱迪生看到了母鸡在孵蛋，就问：“妈妈，为什么母鸡总是成天坐在那里呢？”妈妈就告诉他母鸡在孵蛋，爱迪生便想：如果母鸡只要坐在鸡蛋上就能孵蛋，那我应该也可以。过了几天，爸爸妈妈发现爱迪生一直蹲在木料房里，不知道在做什么，当家人问他时，爱迪生说：“在孵蛋。”

由于爱迪生对许多事情都感兴趣，到处观察、揣摩，所以偶尔会碰到危险。有一次，他到储存麦子的粮仓里观察粮食，不小心栽到了麦囤里，麦子埋住了脑袋，动也不能动了，幸亏被人及时发现，抓住他的脚把他拉了出来。又有一次，他掉进水里，像落汤鸡一样被人拉了上来。他4岁那年，因为想看看篱笆上的野蜂窝里有什么奥秘，就用一根树枝去捅，结果脸被野蜂蜇得红肿，几乎连眼睛都睁不开了。这些挫折，并没有降低他的好奇心，父母也没有对他严加看管，只是讲清道理，提醒他注意安全。

爱迪生没有学历，靠家庭教育和自学成才，但对人类的贡献却是巨大的，其中的“秘诀”是什么呢？

当有人称爱迪生是个“天才”时，他却解释说：天才就是1%的灵感加上99%的汗水。

从小好奇、喜欢动手、喜爱读书，家长的正确教育和引导，使爱迪生成长为举世闻名的大发明家。

莱特兄弟

莱特兄弟指的是美国人威尔伯·莱特（1867年）和奥维

尔·莱特（1871年）兄弟。他们的父亲米尔顿·莱特是一个牧羊人，母亲是一位音乐教师。父亲对兄弟二人的兴趣爱好很支持，从不指责他们把身上仅有的一点儿零用钱花在买工具、材料上。

莱特兄弟从小就对机械有着天生的兴趣，喜欢拆拆装装。他们尤其对一些旧时钟、磅秤感兴趣。威尔伯比奥维尔长4岁，奥维尔全听小哥哥的。威尔伯常将街道上的破铜烂铁搬回家“研究”，奥维尔也跑前跑后，使出吃奶的劲帮小哥哥将这些“宝贝”搬回家里后院的小仓库。

当奥维尔7岁、威尔伯11岁时，莱特一家刚搬到新居不久。1878年的圣诞节，莱特兄弟的爸爸给他们带回了一个“蝴蝶”玩具作为圣诞节礼物。爸爸告诉他们，这是飞螺旋，能在空中高高地飞，威尔伯有点怀疑。爸爸当场做了表演，只见爸爸先把上面的橡皮筋扭紧，一松手，它就发出呜呜的声音，向空中高高地飞去。兄弟这才相信，除了鸟、蝴蝶之外，人工制造的东西，也可以飞上天。于是，弟兄俩便把它拆开了，想从中探索一下，它为何能飞上天去。

从这以后，在他们的幼小心灵里，就萌发了将来一定要制造出一种能飞上高高蓝天的东西的愿望。这个愿望一直影响着他们。

莱特兄弟的父亲是一位主教，家里有很多藏书，威尔伯常常一头栽进书堆。父亲对孩子们的阅读从不加以干涉，莱特兄弟最喜欢的书有：《华盛顿·欧文文集》、格利姆和安徒生的童话故事、马雷的《动物机器》，还有《大英百科全书》和《钱伯斯百科全书》。威尔伯和奥维尔迷上了百科全书中的科技文章。

莱特兄弟高中毕业后办起了《代顿周报》。他们把报纸办得很成功，但他们朝思暮想的还是机械。他们把报社典当给一家通讯社，开起了脚踏车行。从此他们开始从事自己梦想的事业。

后来威尔伯被曲棍球棍意外击中脸部受伤，因此没有按照先前的计划到耶鲁大学上学。如果威尔伯当初进入耶鲁大学就读，那就不会有后来跟着奥维尔走上那条发明飞机的不平凡道路的威尔伯了。

奥维尔曾经说："简单地说，就是我们幸运地生活在这样一个家庭环境里。在家里，大人们总是热情鼓励孩子们去追求知识，去调查研究一切奇特的现象。换了另一个家庭环境，我们的好奇心也许早在它结出果实以前就被扼杀了。"

莱特兄弟成才之路说明，孩子应当无拘无束地成长，家长应该鼓励他们去独立探索和思考。

举了几大发明家的例子，主要是想说明家长应当正确引导青少年多读书，勤动手，不要扼杀青少年的好奇心，教育青少年不要因循守旧，而是要敢于想前人所未曾想的事情，敢于突破创新。

四、教育对创新人才培养的影响

工业革命是创新的黄金时期，工业革命的成果是创新的集中表现。第一次工业革命发生在西欧。当时西欧的教育体制并不那么统一，这种环境在客观上为创新人才的成长创造了条件，有利于创新人才的出现。

西方人喜欢有突出表现的人，他们看到他人有某一方面的长处就会赞不绝口，对其缺点比较宽容。相比而言，中国的教育制度对学生的评价偏向于用考试成绩定输赢，在一定程度上压制了孩子的思维，进而影响了对创新人才的培养。

1. 落后的思想束缚了中国科技的发展，给了我们惨痛的经验教训

孔子是中国伟大的教育家、思想家，孔子开创了儒家学

说。他的思想中有很多值得现代人去学习和借鉴的地方，但同时也有其保守的一面。

孔子最早打破了只有贵族才能做官的禁条，他提倡“学而优则仕”，不论贫富，不论地位高低，只要书读得好都能做官。经过各朝各代统治者的引导，读书人都去读“四书五经”，造成“万般皆下品，唯有读书高”的思想氛围。这种观念轻视体力劳动，看不起农夫、铁匠、木匠，而读的书也与农业、手工劳动无关，与科学技术无关。学子们的思维全部框死在“如何读好书做上官”里，没有人去改进生产技术，即使有人想去做，也会被斥为歪门邪道。

在康熙、乾隆年代，中国国力强盛，世界领先。但当时西方国家正在进行一场工业革命，科学技术得到发展，各种发明创造层出不穷，最终，中国落在了世界后面，遭到了西方强国的欺侮。

2. 落后的科举制度将人才选拔引入歧途，值得我们反思

科举原本是从民间公平选拔人才的一种方法。

科举制，始于隋代没于清代，于1905年被废除，历时1300多年。在刚开始出现的时候，科举制打破了贵族世袭官位的制度，对社会发展做出过积极贡献。但到了后期，科举制已经不能顺应时代的发展。通过读书来做官的向往，使读书人被束缚在四书五经八股文里。思想不能被解放出来，自

然就无法出现具有创新思维的人才。

直到西方列强打到家里，国人才开始觉醒，科举制已经束缚了人才的发展，是落后于时代的。

3. 不以学历、学位论人才

大学录取方式对青少年的成长影响极大，如果能按真才实学录取学生，不单纯依靠考试成绩，能让青少年在学习书本知识之余，扩大知识面，形成爱动脑、勤动手的好习惯，对培养创新人才大有好处。

迈克尔·法拉第是英国的物理学家、化学家，也是著名的自学成才的科学家。1831年，他取得了电力场研究的关键性突破。他的发现奠定了电磁学的基础，改变了人类文明。

迈克尔·法拉第于1791年9月22日出生在一个贫苦铁匠家庭。父亲非常注意对孩子们的教育，要他们勤劳朴实，不要贪图金钱地位，要做一个正直的人。这对法拉第的思想和性格产生了很大的影响。

由于家庭贫困，法拉第只读了两年小学就辍学了。为了帮助家里减轻负担，他当过街头报童，又到一个书商兼订书匠的家里当学徒。订书店里的书籍堆积如山，法拉第带着强烈的求知欲望，工余时间，如饥似渴地阅读各类书籍，汲取了许多自然科学方面的知识，尤其是《大英百科全书》中关于电学的文章，强烈地吸引着他。法拉第通过自学，掌握了大量的知识。

他努力地将书本知识付诸实践，利用废旧物品制作静电起电机，进行简单的化学和物理实验。重视实践尤其是科学实验的特点，在法拉第一生的科学活动中贯彻始终。

法拉第的好学精神感动了一位书店的老主顾，在他的帮助下，法拉第有幸聆听了皇家研究所著名化学家汉弗莱·戴维的演讲。他把演讲内容全部记录下来并整理清楚，把整理好的演讲记录送给戴维，并且附信，表明自己愿意献身科学事业。结果他如愿以偿。22岁的他当上了戴维的实验助手。从此，法拉第开始了他的科学生涯。戴维虽然在科学上有许多了不起的贡献，但他说："我对科学最大的贡献是发现了法拉第。"

法拉第的故事说明，只读了两年小学的法拉第，通过自己不懈地结合实践努力学习，照样能成为具有很高理论水平的大科学家。

华罗庚是中国解析数论、矩阵几何学、典型群、自守函数论与多元复变函数论等多方面研究的创始人和开拓者，也是中国在世界上最有影响力的数学家之一，被列为芝加哥科学技术博物馆中当今世界88位数学伟人之一。国际上以华氏命名的数学科研成果有"华氏定理""华氏不等式""华—王方法"等。

华罗庚在1910年出生于江苏省常州市金坛市。他幼时爱动脑筋，因思考问题过于专心常被同伴们戏称为“罗呆子”。

12岁从县城仁劬小学毕业后，华罗庚进入金坛县立初中。王维克老师发现其数学才能，并尽力予以培养。

15岁初中毕业后，华罗庚就读上海中华职业学校，因拿不出学费而中途退学。退学回家帮助父亲料理杂货铺，故华罗庚一生只有初中毕业文凭。此后，他用5年时间自学完了高中和大学低年级的全部数学课程。

1929年冬，华罗庚不幸染上伤寒病，落下左腿终身残疾，走路要借助手杖。华罗庚受雇为金坛中学庶务员，并开始在上海《科学》等杂志上发表论文。

1930年春，华罗庚在上海《科学》杂志上发表《苏家驹之代数的五次方程式解法不能成立之理由》轰动数学界。同年，清华大学数学系主任熊庆来，了解到华罗庚的自学经历和数学才华后，打破常规，让华罗庚进入清华大学图书馆担任馆员。次年，让华罗庚在清华大学数学系担任助理。

瓦特、爱迪生同样没有学历。

第一次工业革命，以蒸汽机作为动力，用机器代替手工劳动，使社会发生了深刻变化。蒸汽机的发明者瓦特，让动力机、传动机、工作机组成机器生产系统，在技术上实现了一次伟大的飞跃。

瓦特1736年出生，小时候身体较弱，去学校时间不多，主要的教育都是在家里由母亲进行，父亲是造船工人。瓦特17岁时，母亲去世，瓦特到伦敦一家仪表修理厂做了1年徒工。1757年他在大学里开了一个小修理店。

瓦特没有经过学校完整的学习，没有学历，但他在建造蒸汽机实验中不断学习知识、应用知识。

第二次工业革命使人类文明进入电气时代。重要发明有发电机、电动机，内燃机、电报、汽车、飞机、化学等。其中重要的发明人有爱迪生、莱特兄弟等。爱迪生只上过3个月小学，莱特兄弟也没有上过大学，他们都是在实践中自学成才的。

第三次科技革命是以原子能、电子计算机、空间技术和生物工程为主要标志，涉及信息技术、新能源、新材料等很多领域的一场信息控制技术革命。在这场科技革命中，为大家所熟悉的比尔·盖茨也没有念完大学。

由以上例子可以看出，具有突破性发明创造的人不一定是正规学校培养的高学历人才；

具有突破性发明创造的人会专心学习对他有用的知识；

具有突破性发明创造的人学习知识，突破已知的结论，找出问题，解决问题，不能用现有知识考察他们的学识；

具有突破性发明创造的人不会循规蹈矩。如果按照通过考试来选拔人才的做法，这些名人都不够格，但他们用自己的伟大成绩证明了，他们确实是创新人才。可见，硬要用考试、学历等标准来评价创新人才是不科学的。

4. 教育体制创新，全方位促进人才的涌现和成长

教育是随着生产技术和科学技术的发展而发展的。从工业革命开始，人类科学和生产技术飞速发展，教育从私塾、聘请教师转向办学堂、办学校，由此产生了班级授课制，传授自然科学知识和现代生产工艺知识。经过了长期的研究和发展，形成和完善了一整套教育计划和教育方法，从授课、实验、作业、考试到升级、升学，培养和选拔了大批方方面面的人才。

从工业革命开始，这整套教育计划和教育方法已经运作了几百年，人们已经习以为常，很少再去思考现代教育产生并得到发展的原因。

当现代教育产生和发展的因素发生了根本性变化时，现代教育应当适应变化而改革创新。受教育的过程，也是青少年成长的过程。应该给他们一个轻松愉快的环境，为他们的兴趣爱好保留空间，还给他们一段美好的时光，也是人的一生中最美好的时光。

在科学技术发达的今天，人们文化水平普遍提高，信息通过互联网络、电视等传遍各地，教育资源前所未有的丰富，为自学创造了条件。每个孩子成长发育的过程是不同

的，有的“开窍”早，有的晚，应当允许不按年龄、学历，而是按知识水平插班和跳级。

智育是要使学生了解自然的、社会的、思维方面的基本常识。通过授课和实践，要让孩子们多走出课堂参观、学习、活动；不仅要学习文化、科学知识，而且要养成严肃、认真、严谨的学习习惯。实验是理论联系实际的重要环节，必要的实验和示教是感性认识到理性认识的桥梁，不可轻易替代。

笔者认为，各个学科有它独特的思维和分析方法，在基础学习阶段应保持其独立性和完整性。学科内的不同科目即使有联系也应保持独立，例如，初等代数和平面几何学，过早地相互联系有损各自的独立性和完整性。

教材的严肃性有利于培养学生对科学知识严肃认真的学习态度，教材宜少而精，要让学生去独立思考。教材要能引导学生的兴趣，减少学生的厌烦心理。

有的学科教材可以应用先进的科学技术，如影片、动画片、PPT演示等，用来更直观地展示知识点，达到辅助教学的目的。

鼓励有实践经验的科技工作者，编写便于学生自学的、由浅入深的各类书籍。

学习成绩宜采用五级计分制，在学期结束和毕业成绩报告单上，成绩栏中只填写合格、已学两档。学生采用自学或其他方式学习，经考核合格后也可填入成绩栏，不需要强硬地规定必须要经过课堂学习。

教师是一种把人类社会积累的生产劳动经验、科学文化知识、社会道德观念和行为规范传授给青少年的职业，是“为人师表”的职业，非常重要。要成为一名优秀的教师，首先应具备高尚的品格，一言一行都要成为学生的楷模。其次，教师要有足够过硬的专业知识水平，同时又要具备教育学、心理学等方面的相关知识。随着信息化时代的到来，大量的信息会通过影视、网络传播给学生，教师应及时为学生“解惑”。

再次，教师应善于“因材施教”。没有不成器的孩子，只有教育不得法的教师和家长，因为孩子出生以后所有的一切都是家长、教师、社会教给他们的。

教师队伍的组成不要单纯地从学校到学校，应避免近亲繁殖，要从社会上聘请各种人才，以此来开阔学生们的眼界和知识结构。

对于学校的校长来说，要求则更高一些。校长应是人品和素质更高的人才，应是在教育学等方面有较高造诣的人才，也应该是善于组织研究、发现问题、解决问题的管理人才，更应该是受到广大教职员工钦佩的人才。

教育要引起全社会的关注、讨论、争鸣，逐步对教育改革的必要性达成共识。从“重知识”转变为着重培养青少年的人品、素养、性格上来。孩子们不仅在学校可以学得知识，还可以从电视、网络、书籍、实践中学习，家长应努力让孩子们靠兴趣驱动学习，勤于动脑，勤于动手。学校和社会要给他们创造一个宽松的环境，一个适合培养创新人才的良好环境。

第四章

创新的趋势

第一次工业革命以蒸汽机、珍妮纺纱机（1765年）的发明和应用为主要标志，将人类带入了“蒸汽时代”，从那以后，机器生产代替了手工劳动。1825年，史蒂芬逊的火车正式通车，从此，火车登上了历史的舞台。1807年，美国富尔顿等人建造的蒸汽轮船首航成功，标志着蒸汽动力船取代帆船成为航运新时代的开始。第一次工业革命后，工厂代替作坊，交通运输机器代替畜力，使人们的衣食住行等基本生活发生了很大变化。

第二次工业革命带来的科学技术的突出发展主要表现在四个方面，即电力的广泛应用、内燃机和新交通工具的创制、新通信手段的发明和化学工业的建立。人们用上了电灯、电风扇、电冰箱；开汽车、坐飞机、打电话，人们的生活得到了巨大的改善，上了一个大台阶。

第三次科技革命是以原子能、电子计算机、空间技术和生物工程的发明和应用为主要标志，涉及信息技术、新能源技术、新材料技术、生物技术、空间技术和海洋技术等诸多领域的一场信息控制技术革命。这次革命使人类由工业社会进入信息社会，广播电视、互联网的出现极大地影响了人类生活方式。

一、新能源革命——第四次新能源革命

第一、二次工业革命发明的蒸汽机、内燃机，消耗的是煤、石油等不可再生资源。

生态环境的恶化、自然资源和能源的过度消耗，这些问题难以控制地恶性发展着。人类对能源的需求越来越大、依赖越来越强，使人类的处境受到越来越严重的困扰，成为举世瞩目的全球问题。

能源分为非再生能源（如煤炭、石油、天然气、油页岩等）和可再生能源（如水能、太阳能、风能、地热能、海洋能、生物能以及核能等）。

根据能源消耗后是否造成环境污染，可将能源分为污染型能源和清洁型能源。污染型能源包括煤炭、石油等，而清洁型能源包括水能、太阳能、风能等。

根据《BP世界能源统计2014年》，石油并非再生能源。

截至2013年年底，世界石油探明储量为16879亿桶，可以满足全球53.3年的生产需要。中国石油探明储量为181亿桶（25亿吨），占世界石油探明储量的1.1%，储采比为11.9年。

截至2013年年底，全球天然气探明储量为185.7万亿立方米，可以满足全球55.1年的生产需要。中国天然气探明储量为3.3万亿立方米（115.6万亿立方米英尺），占世界天然气探明储量1.8%，储采比为28年。

截至2013年年底，全球煤炭探明储量为8915亿吨，可以保证全球113年的生产需要。美国、俄罗斯和中国是世界上煤炭探明储量前三的国家。2013年年底，中国煤炭探明储量为1145亿吨（无烟煤和烟煤为622亿吨，次烟煤和褐煤为523亿吨），占世界煤炭探明储量的12.8%，储采比为31年。

由于石油、煤炭等目前大量使用的传统化石能源枯竭，同时新的能源生产供应体系又未能建立，从而在交通运输、金融业、工商业等方面造成的一系列问题，统称[illegible]能源危机。

根据经济学家和科学家的普遍估计，到21世纪中叶，即2050年左右，石油资源将会开采殆尽。届时其价格会升到很高，不再适于大众化普及应用，导致工业大幅度萎缩。如果新的能源体系尚未建立，能源危机将席卷全球。

由于全世界对新能源的紧迫需求，社会会大力支持新能源的创新开发，使其优先于其他科技领域得到发展，掀起第四次新能源革命。

为了摆脱能源危机，部分可再生能源利用技术已经取得了长足的发展，并在世界各地形成了一定的规模。目前可再生能源，如生物质能、太阳能、风能以及水力发电、地热能等已经得到了应用。

新能源主要有：太阳能、风能、地热能、生物质能等。

生物质能——在经过了几十年的探索后，国内外许多专家都表示这种能源方式不能大力发展，它不但会抢夺人类赖以生存的土地资源，更将会导致社会的不健康发展。

地热能——这种能源方式的开发和空调的使用具有同样特性，如大规模开发必将导致区域地面表层土壤环境遭到破坏，必将引起再一次生态环境变化。

而风能和太阳能对于地球来讲是取之不尽、用之不竭的健康能源，它们必将成为今后替代能源主流。

风力发电——在19世纪末风力发电就开始登上历史的舞台，在一百多年的发展中，由于它造价相对低廉，成了各个国家争相发展的新能源首选。然而，随着大型风电场的不断增多，占用的土地也日益扩大，产生的社会矛盾日益突出，如何解决这一难题，成了我们的困惑。

太阳能光伏发电——这种能源具有布置简便以及维护方便等特点，应用面较广，现在全球装机总容量已经开始追赶传统风力发电，在德国甚至接近全国发电总量的5%—8%。但是太阳能发电的时间局限性导致了对电网的冲击，如何解决这一问题成为能源界的一大困惑。

风力发电、太阳能光伏发电具有间歇性，不能连续稳定地发电。太阳能光伏发电，每天8小时，再加上阴雨天，全年只有六分之一时间能发电。

另外，汽车、飞机运输等需要有一种替代汽油柴油的新方法。

新能源还有氢能、燃料电池、海洋能等。

核聚变的能比核裂变的能可高出5～10倍，最合适的核聚变燃料重氢（氘）大量地存在于海水中，可谓“取之不尽，用之不竭”，又无污染。

为了保护环境，提高能源利用率，能量贮存等，多方面的创新发明不断涌现，将有一场新理论的、高技术的新能源革命诞生。

二、新旧能源交替时代

新旧能源替换有一个漫长的阶段，新能源从发明到制成实用的机器需要一段时间；从实用的机器到形成生产能力并被广泛使用更需要一个过程。

预计2050年前后，将是新旧能源替换的阶段，要有几十年时间，在这段时间中将会发生能源危机。

生物质能、太阳能、风能以及水力发电、地热能等中的生物质能和与粮食争地，不可能大量应用，而风能资源有限，地热能则会影响环境。

水电站建设要有较长的时间，从开工到建成电站要花费几十年时间；核聚变技术尚处于研究阶段；氢能、燃料电池、海洋能、新能源技术等都在研究中，不可能很快投入使用；石油、天然气、煤的日益缺乏。综上，未来发生能源危机是必然的。

未来新旧能源替换的时代，我可以想象，交通运输业首当其冲，航空运输几乎停顿，汽车运输量减低，电动汽车增加，会导致电池大量使用，废电池处理会引发环境保护问题。

新旧能源替换时代中，油气发电将大量减少，由于电力供应紧张，城市灯光会减低，会常常停电，电梯停运会给人们生活带来麻烦，空调、取暖都会增加生活成本。

新旧能源替换时代中，与旧能源相关的产业会大幅度萎缩，石化产业、以石化为原料的产业、飞机制造业、航空运输业、海洋运输业等，会大量裁员，失业人数会增多，易引发社会问题。

因此，新旧能源替换应引起各国政府的高度重视，从现在起就要大力支持新能源发展，尽快促使新能源产业化。

新旧能源替换时代也将是新能源创新集中的时代。

三、环境保护

人们已经认识到石化能的消费对人类生存环境的影响。石化能会释放大量二氧化碳，造成温室效应，使地球温度上升，引发一系列环境问题；从另一方面看，打破了热平衡，也会使地球温度升高，城市这一局部地区，大量消耗能源，使城市温度高于周边地区就是例证。那么，其他非太阳能的能源大量使用，也会打破了热平衡，也会使地球温度上升。比如原子能，它转换成电力，最终还是变成热量，大量地长期地使用，也会使地球温度上升。

因此，新能源的创新，应该着眼于环境保护，否则依然会被淘汰。

风能、水能、太阳能的利用对环境影响相对要小得多。因为这些自然能归根结底是太阳辐射造成的。太阳光照射到地球上，由地球上的植物吸收了太阳能，使整个地球达到热平衡，使地球温度保持稳定。

未来寻找、利用新能源，一定要遵循环境保护这一宗旨，让新能源在带来生产力进步的同时，又能维护大自然的生态平衡，让人类赖以生存和发展的环境变得更美好。

第五章

在日常生活中培养青少年的创新思维

从前面几章的内容中我们可以了解到，创新人才大多是通过动手实践来拓展创新思维，掌握知识和技巧的。如果老师和家长们希望教育出具有创新思维的孩子，就需要在日常生活中进行合理引导。

大量的理论、说教会让孩子们觉得枯燥，而亲手制作玩具，相比之下就是一件既有趣、又能锻炼动手能力的事。通过让孩子们自己动手，不但能让他们更切实地体会到科学技术的原理，还能刺激他们的创造力和想象力。在制作过程中，孩子们对玩具的精雕细琢的改造、灵光乍现的设想，绝对能让老师和家长们大吃一惊！

下面笔者就向大家推荐一些易于制作的玩具，可以让孩子独立完成，这样既能让他们学会使用工具，提高动手能力，也能让他们从实践中学到知识。

在孩子初次使用刀剪之类工具时，老师和家长应该教给孩子这些工具的正确使用方法和注意事项。

在制作过程中，要尽量让孩子自己动手，大人应当尽量少干预。如果孩子做得不对，可以重来，一定不要急躁。因为这个过程，本身就是一项重要的教育内容。

一、有利于动脑思考的简单玩具

1. 竹蜻蜓

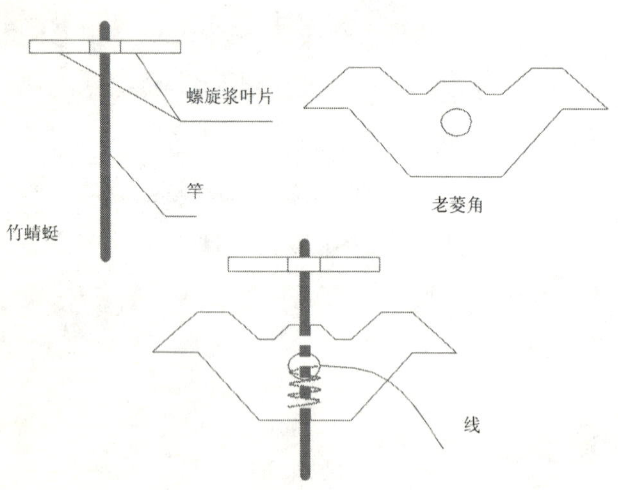

第一步，先把木片（或竹片）削成螺旋浆形状，在中间钻孔；学会用剪刀钻孔，掌握把孔钻圆的技巧。

第二步，将竹竿（或木竿）插入螺旋浆孔中固定，可以插紧加胶水固定；竹蜻蜓已做好，此时用两手掌快速搓竿子，放手，竹蜻蜓会飞起来。

第三步，把煮熟的老菱角，上下和中间各钻一空，把老菱角肉从中间掏空；

第四步，把线从老菱角底部孔串入，从中间孔串出，再将做好的竹蜻蜓插入老菱角中；

第五步，让线贴住竹蜻蜓竿子，转动螺旋浆（注意方向），慢慢收紧老菱角中间孔露出的线，直到只露出线头；

第六步，抓住老菱角，快速抽线，竹蜻蜓会快速旋转，飞上天空。

重复第五、六步，可让竹蜻蜓再飞起来。

2. 会翻筋斗的胶囊

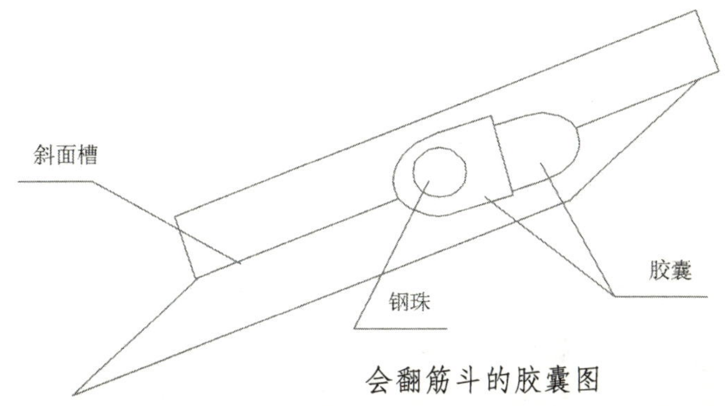

会翻筋斗的胶囊图

第一步，把装药的胶囊里的药倒掉；

第二步，把钢珠（可用自行车钢珠）装入胶囊里；

把做好的会翻筋斗的胶囊，放在斜面槽上，胶囊就会翻着筋斗往下滚。

3. 平衡鸟

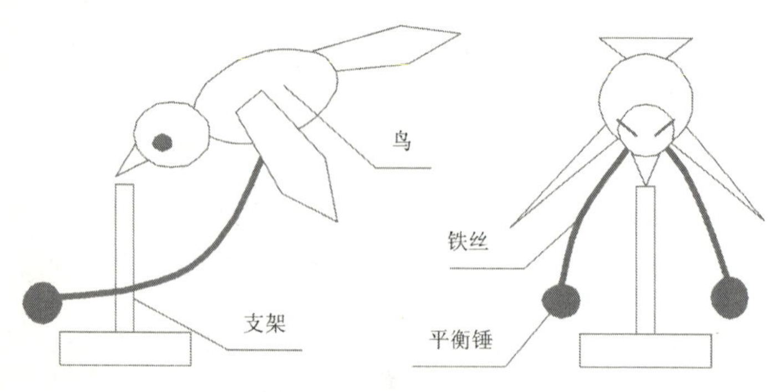

平衡鸟图

第一步，可以购买工艺品小鸟，也可以自己用硬纸板剪、画成小鸟；

第二步，用一根粗约2毫米的铁丝，紧窜过鸟身，两头装上平衡锤（系上重物）；

第三步，把铁丝弯成合适的形状；

第四步，做一个支架，也可用装水的瓶子当支架；

第五步，把鸟放在支架上。

小鸟会停在支架上，晃荡不掉，改变铁丝弯曲形状，鸟的停留角度也随之改变。可改变铁丝弯曲形状，试试鸟尾能不能停住。

4. 纸弹气枪

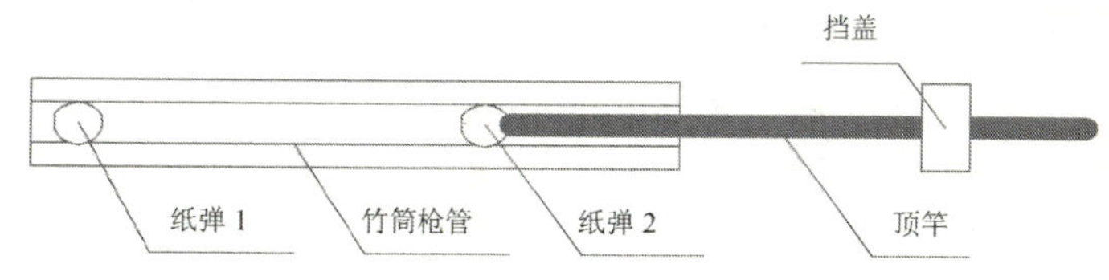

纸弹气枪图

第一步，取一根竹管，带竹节的两头去掉，做枪管；

第二步，取一根顶竿（如筷子）；

第三步，用胶布缠绕成挡盖，当顶竿推到底时，恰好使纸弹到“纸弹1”的位置；

第四步，纸弹用餐巾纸湿水后做成，纸弹不能太大太紧；

第五步，先把一颗纸弹推到“纸弹1”的位置，再做一颗纸弹，推入枪管，到“纸弹2”的位置；

第六步，猛推顶竿，两弹间的气压会使纸弹1飞出去，纸弹2到1的位置；

再装上纸弹，可继续发射。

5. 万花筒

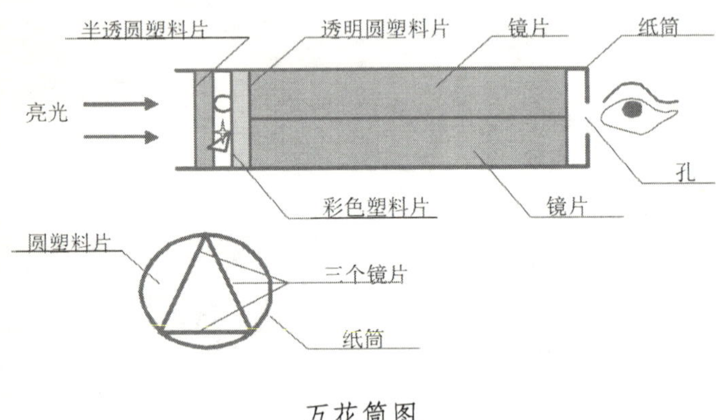

万花筒图

第一步，到玻璃店里，裁三片宽20毫米长100毫米的镜片，用胶带将三个镜片，镜面朝里，调整镜片成等边三角形，用胶带缠绕固定；

第二步，在三个镜片外，用纸卷成圆筒；

第三步，剪一个透明塑料圆片，如图贴在圆筒里；

第四步，在透明塑料圆片上，放五颜六色，形状各异的透明彩色塑料片；

第五步，剪一个半透明塑料圆片，或透光的白色塑料圆片，如图贴在圆筒上，封住，以防彩色塑料片掉出；

第六步，在圆筒的另一端，装上一个有小圆洞的纸板，万花筒就完成了。

对着亮光，眼睛从小孔望去，光线射进万花筒，通过五颜六色形状各异的彩色塑料片，再经过三面镜子的来回反射，到了人眼，看到的是一幅五彩缤纷的画面，转动万花筒，里面彩色塑料片位置变了，五彩缤纷的画面也随之变化，非常美观。

二、适合青少年独立制作的科技玩具

1. 蒸汽船

蒸汽船外壳可以设计成轮船、舰艇等任何型式，青少年可根据自己的喜爱进行制作。

第一步，根据采用的材料，水箱、支架、船体等大件来规划，先做一个大致的制作方案；

第二步，水箱，可用空罐头盒，两边钻两个小孔，用以焊蒸汽管，顶部加焊水箱盖，盖上加一个进水孔，用电烙铁和焊锡丝焊接，做一个塞子来塞住进水孔；

第三步，用罐头铁皮做一个锅炉支架，可焊接在水箱下部，也可将锅炉支架做成活动支架，水箱架在支架上；

第四步，蜡烛低盘，用铁皮制作，上面可放一两根蜡烛，蜡烛低盘与支架不晃动；

第五步，船体，可以设计成轮船、舰艇等任何型式，尺

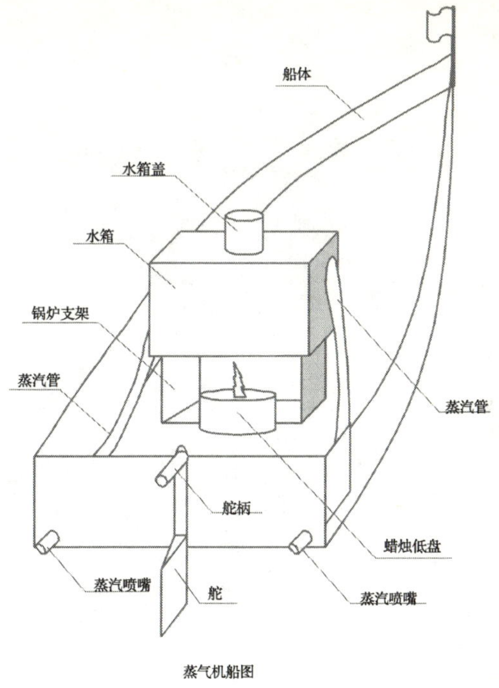

蒸气机船图

寸与锅炉相配；

第六步，蒸汽管和喷嘴，是两根细铜管，一端焊接在水箱上，另一端从船底部伸出船体，用作喷嘴，船体与管子要密封，不漏水；

第七步，舵和舵柄，可以木或铁丝做，用铁丝将它挂在船尾，可改变船行进方向；

第八步，组装，把做好的各个另件按设计组装在一起；

试航时，先从水箱进水孔加大半箱水，塞上塞子，点燃蜡烛，把蜡烛底盘，放入水箱下的支架上，将船放入水中，等候，水箱里水开了，水箱里的蒸汽通过蒸汽管到喷嘴，蒸

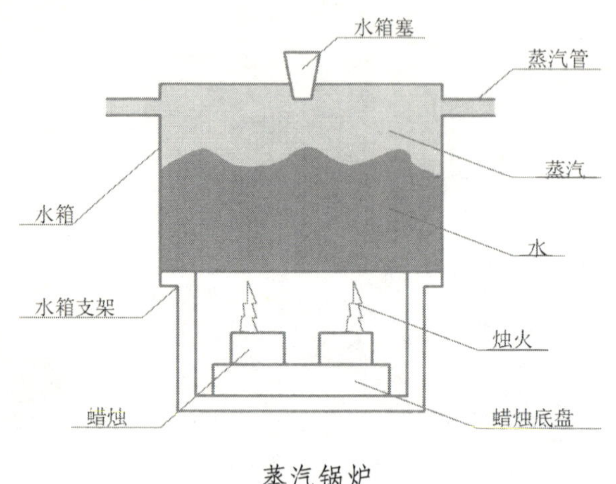

蒸汽锅炉

汽从船底喷嘴喷出，推动船前进，并会叭叭作响。调节尾舵可使船转圈子，有趣好玩。

想想船为什么会前进？

2. 电铃

电铃，是一种最简单的自制电动玩具，使青少年能感到电磁力的作用：

第一步，找一块木板做底板，用来固定零件；

第二步，弹簧小锤，小锤是用铁材制作的，能被磁力吸引，小锤可用5或6毫米铁螺丝、铁螺帽，固定在弹簧片上；

第三步，弹簧片，找一段薄铜弹簧片，剪成宽15毫米，长10厘米，一端打孔准备固定小锤，另一端留出能弯曲固定的耳朵，打一个固定在底板上的孔，固定在底板上；

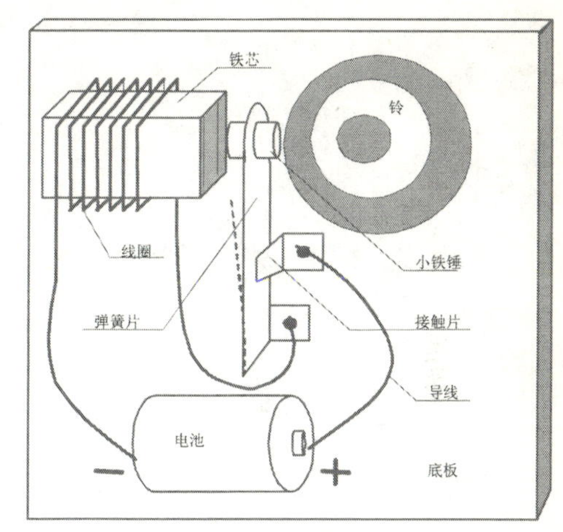

电铃制作图

第四步，接触片，用铜皮剪成一个小片，打一固定孔，固定在底板上，另一端弯起，使接触片与弹簧片接触；

第五步，铃，可用任何物件代替，只要能出声就可以，铃贴着小锤固定在底板上；

第六步，铁芯，把罐头盒铁皮剪成一片片15毫米宽的长方形，紧紧叠在一起，叠厚15毫米，一端对齐，用电工胶带缠绕包紧，从头到低缠绕两三层，使铁芯与漆包线绝缘，同时防止漆包线被铁芯磨损；

第七步，绕线圈，在铁芯包上胶带后，在胶带上缠绕漆包线（28号漆包线或差不多粗细的漆包线），单向缠绕300到500圈，可以乱绕，用沙纸打磨或用小刀刮掉漆包线两头的绝缘漆皮；

第八步，圈数的确定，线圈两端接通电池（短时间），将铁芯靠近小锤，试试小锤能否被吸动，不能吸动，可以增加圈数，另一种吸不动的原因是弹簧片太硬，要更换，也可以增加电池节数，直到铁芯靠近小锤，小锤吸动为止，在底板上打孔，在相应位置用棉线或塑料线（不能用铜、铁等金属线）固定铁芯线圈；

第九步，组装，将线圈漆包线一端连接电池负极，线圈漆包线另一端连接到弹簧片，用一根导线，一端连接接触片；

导线另一端接通电池另一极（也可装一个按钮开关），电铃就会响起来。

原理：电池正端流出的电流，通过导线到接触片，接触片与弹簧片接触，电流通过弹簧片流进线圈，线圈另一端电流流出，回到电池负极，沟通了回路，线圈得到电流，铁芯被磁化，产生了磁力，吸动铁制小锤，弹簧片向虚线方向弯曲，弹簧片与接触片脱离，电流回路断开，线圈失去电流，铁芯失去磁性，吸力消失，小锤因弹簧片弹力作用，弹回原位，敲响铃声。

当接触片与弹簧片接触后，又回到原状态，线圈再得到电流，铁芯又被磁化，再次产生吸力，小锤又被吸动，弹簧片又向虚线方向弯曲，弹簧片与接触片再次脱离，电流回路再次断开，线圈失去电流，铁芯失去磁性，吸力消失，小锤因弹簧片弹力作用，又弹回原位，再次敲响铃声。

如此周而复始，小锤不断敲击铃，就产生了铃声，直到与电池正极相连的导线断开为止。

结束语

自然科学中有各种创新，社会科学中也存在各种创新，如商业、金融、文化、艺术等各行各业中。从第一次工业革命，到第二次工业革命，直到第三次科技革命，人类生活确实发生了翻天覆地的变化，这说明科学技术创新是推动人类社会发展的主要动力。为了实现社会的更大进步，全人类都有义务建立起一个和平、包容、鼓励创新的大环境，培养出更多优秀的创新人才。